AF479364

CÉDRIC DELSAUX **DARK LENS**

EDITIONS
XAVIER
BARRAL

À mon cousin Hugo

"Over the years, many artists have interpreted Star Wars in ways that extend well beyond anything we saw in the films. One of the most unique and intriguing interpretations that I have seen is in the work of Cédric Delsaux, who has cleverly integrated Star Wars characters and vehicles into stark urban, industrial—but unmistakably earthbound—environments. As novel and disruptive as his images are, they are also completely plausible. I am honored that Cédric Delsaux has brought Star Wars into the world of his photography, and happy that his exceptional work can be presented in this book." GEORGE LUCAS

«Au fil des ans, nombreux sont les artistes à avoir revisité Star Wars bien au-delà de tout ce que nous avons pu voir dans les films. Une de ces interprétations les plus extraordinaires et fascinantes est celle de Cédric Delsaux, qui intègre habilement des personnages et des engins de Star Wars à des paysages urbains et industriels désolés tout à fait réels. Aussi originales et perturbatrices que soient ces images, elles n'en sont pas moins vraisemblables. Je suis très honoré que Cédric Delsaux ait introduit Star Wars dans le monde de la photographie, et je suis ravi que ce travail exceptionnel puisse être présenté dans ce livre.» GEORGE LUCAS

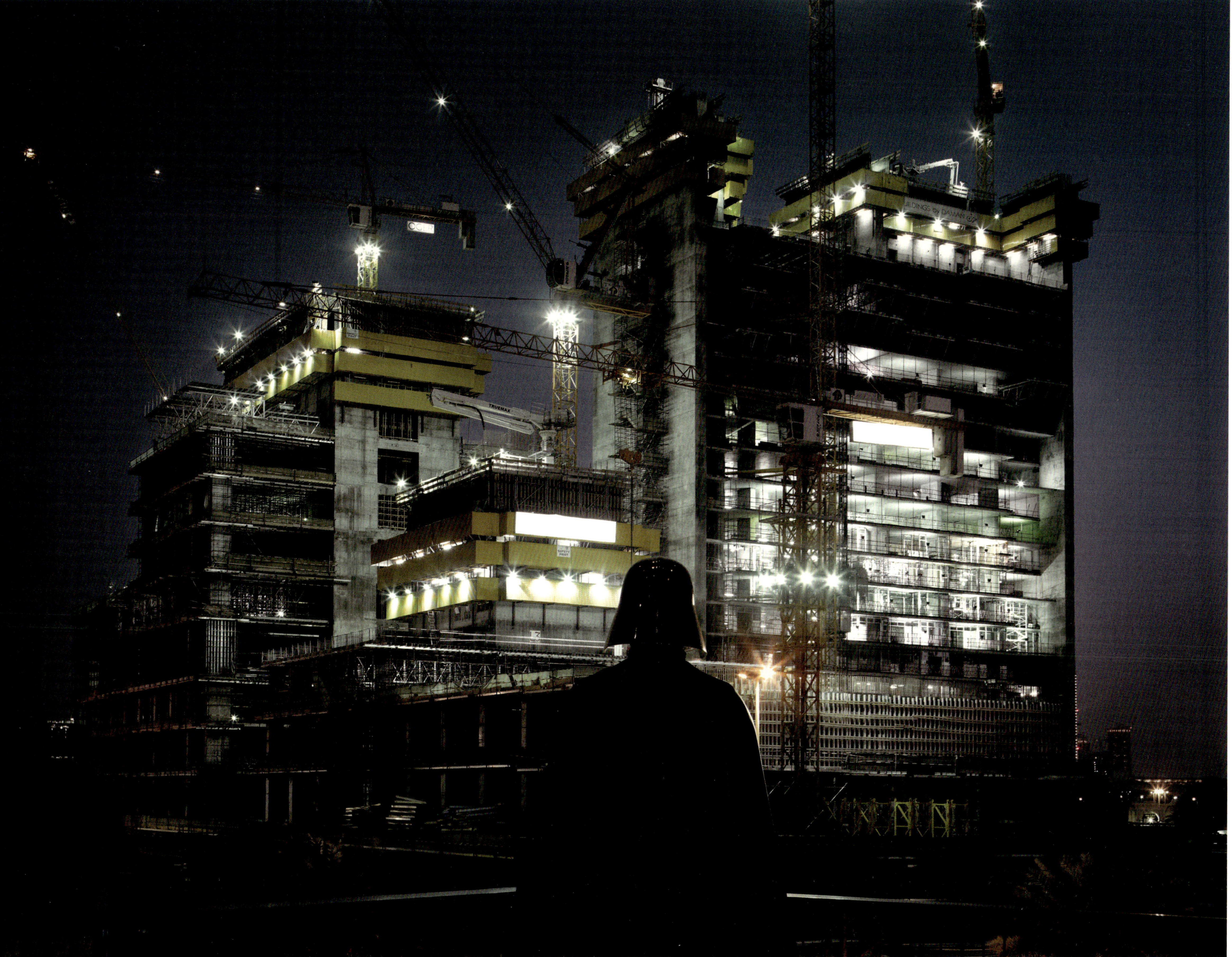

TRUEMAX

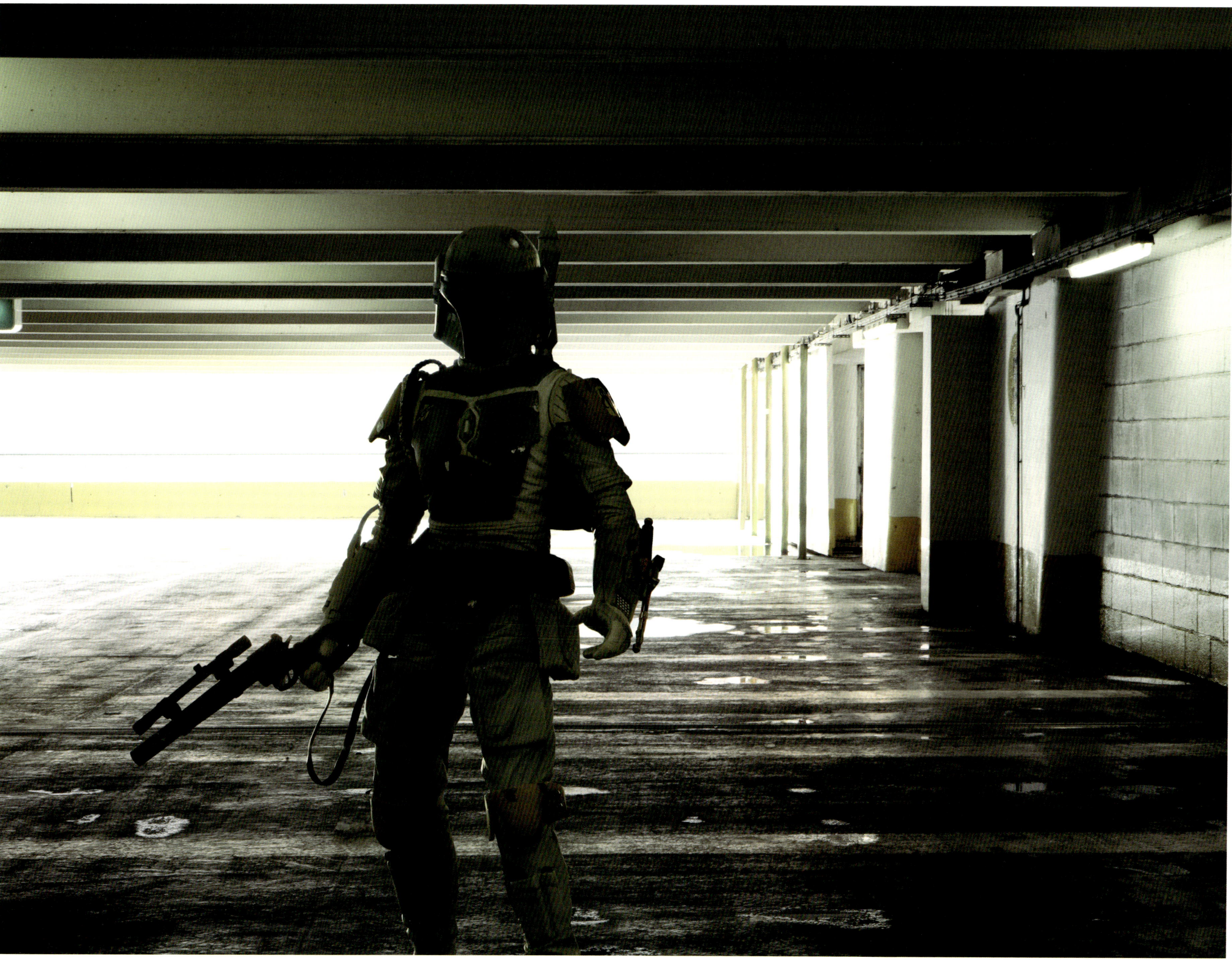

Jabba the Hutt, Paris, 2005.

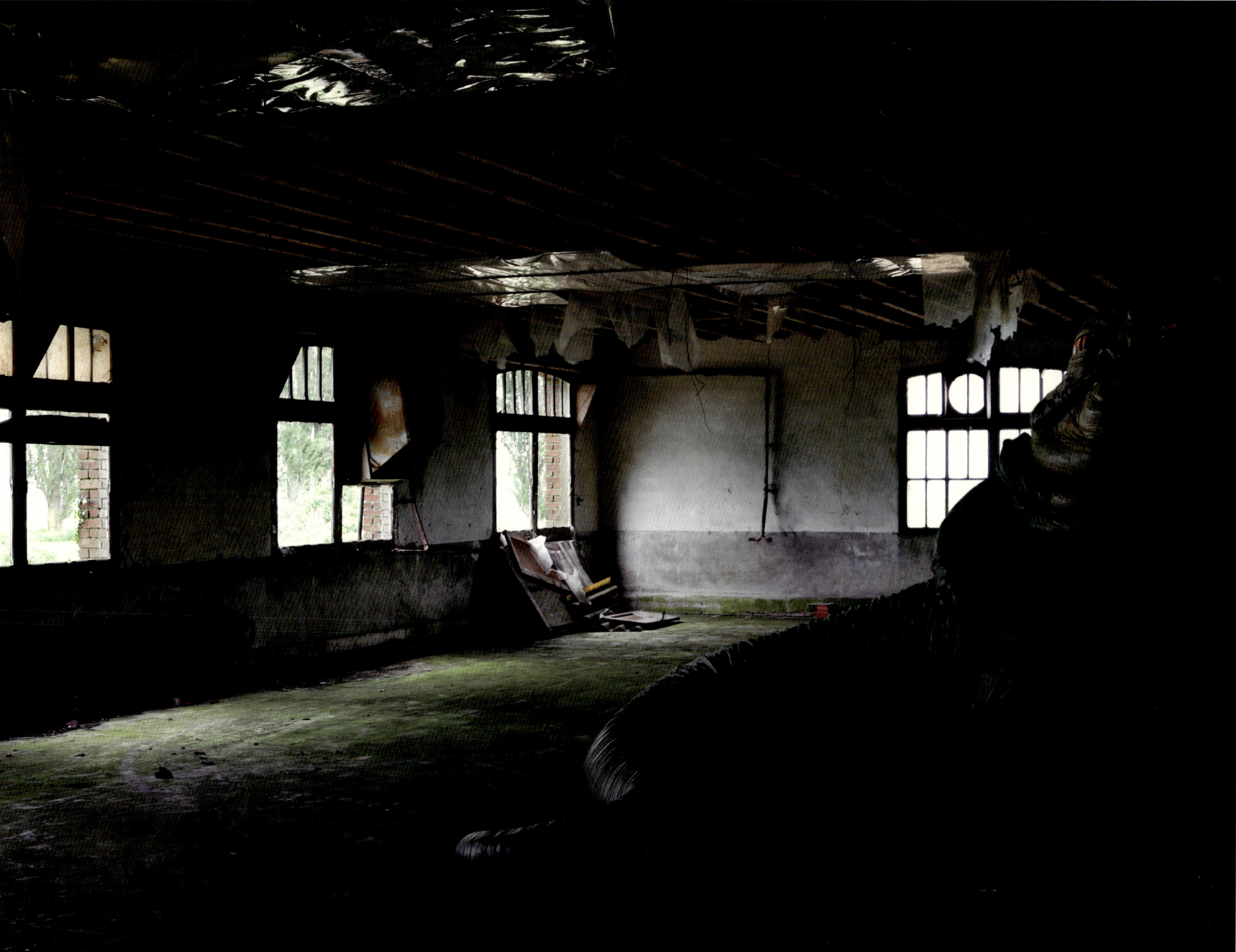

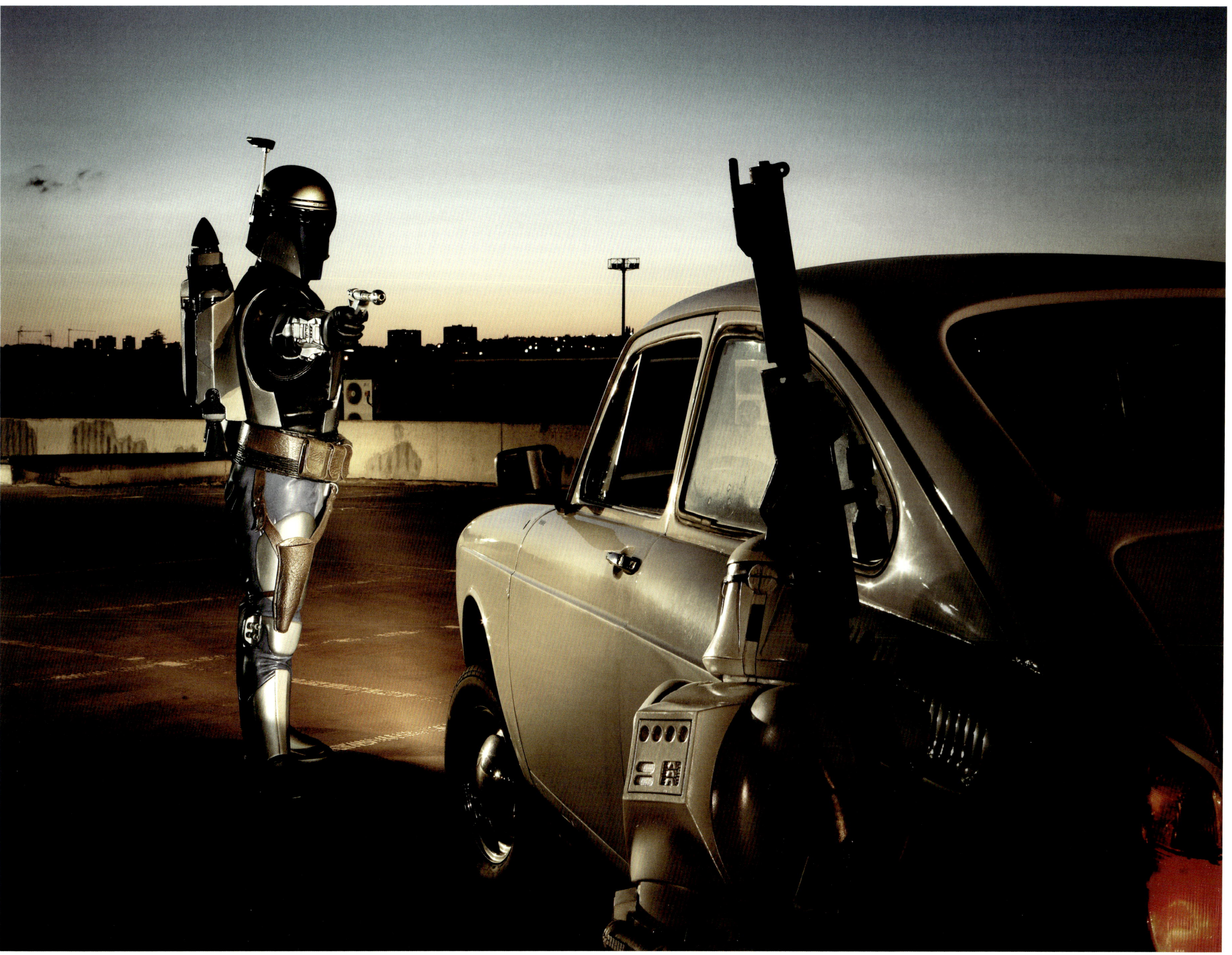

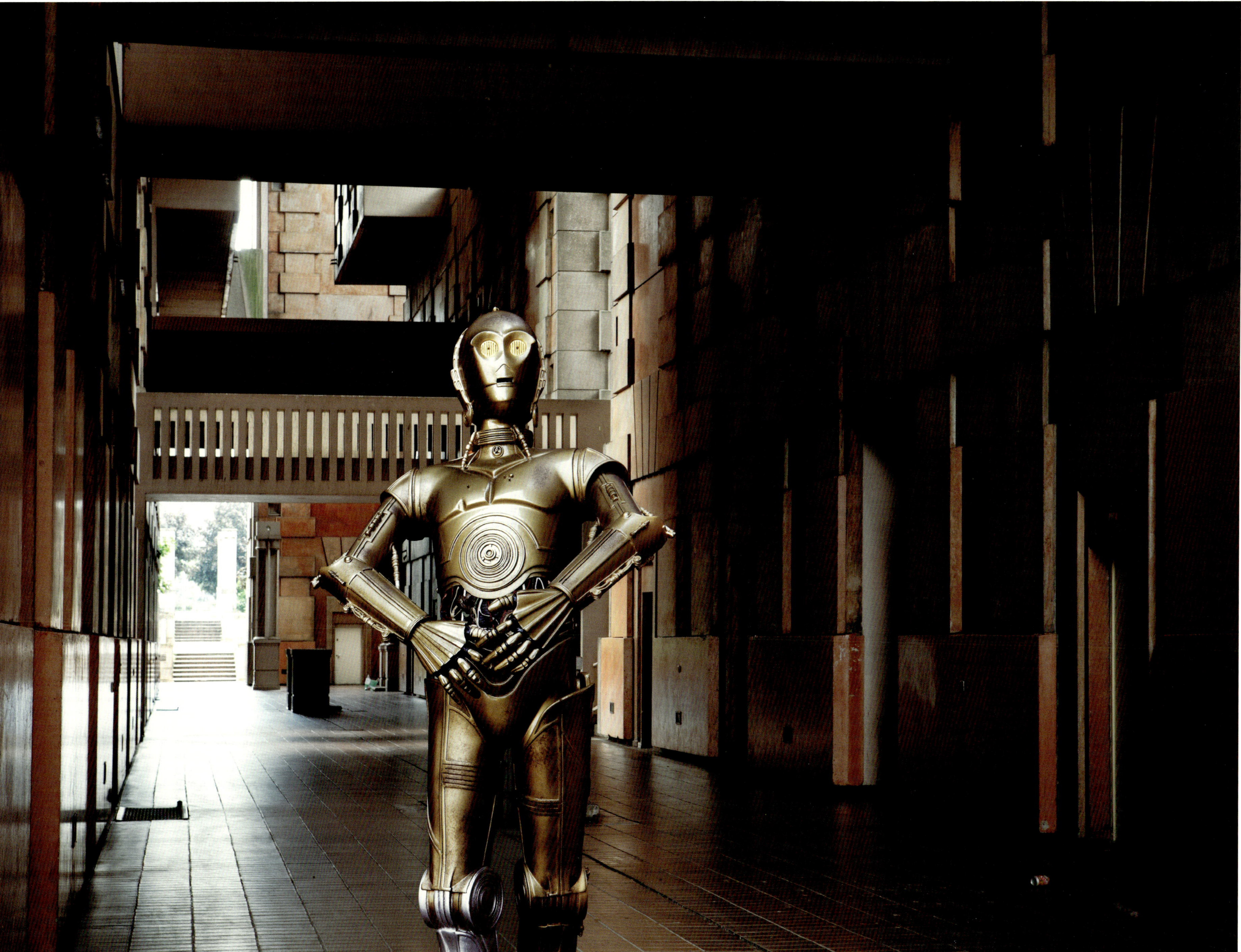

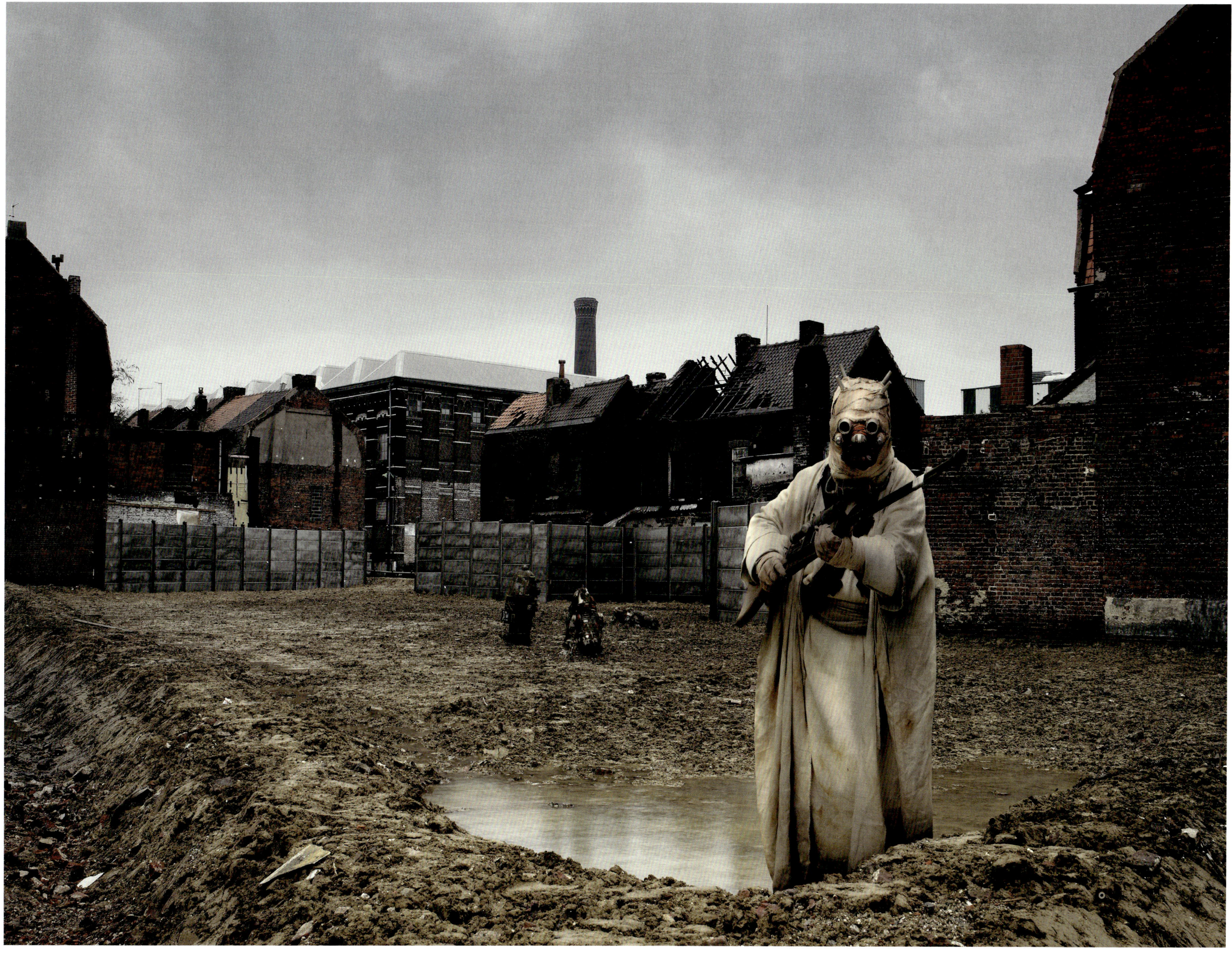

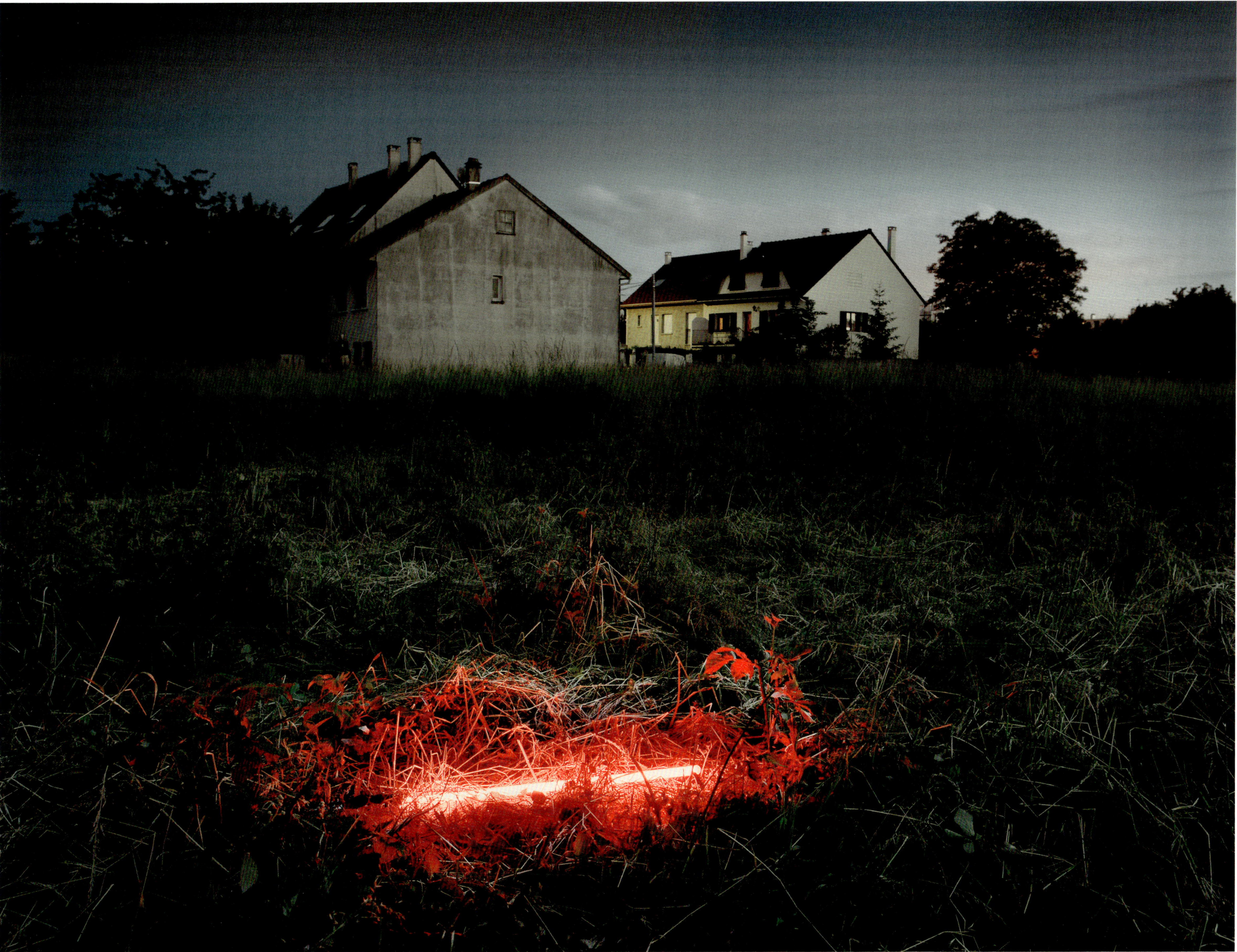

Stormtroopers under Bridge, Paris, 2004.

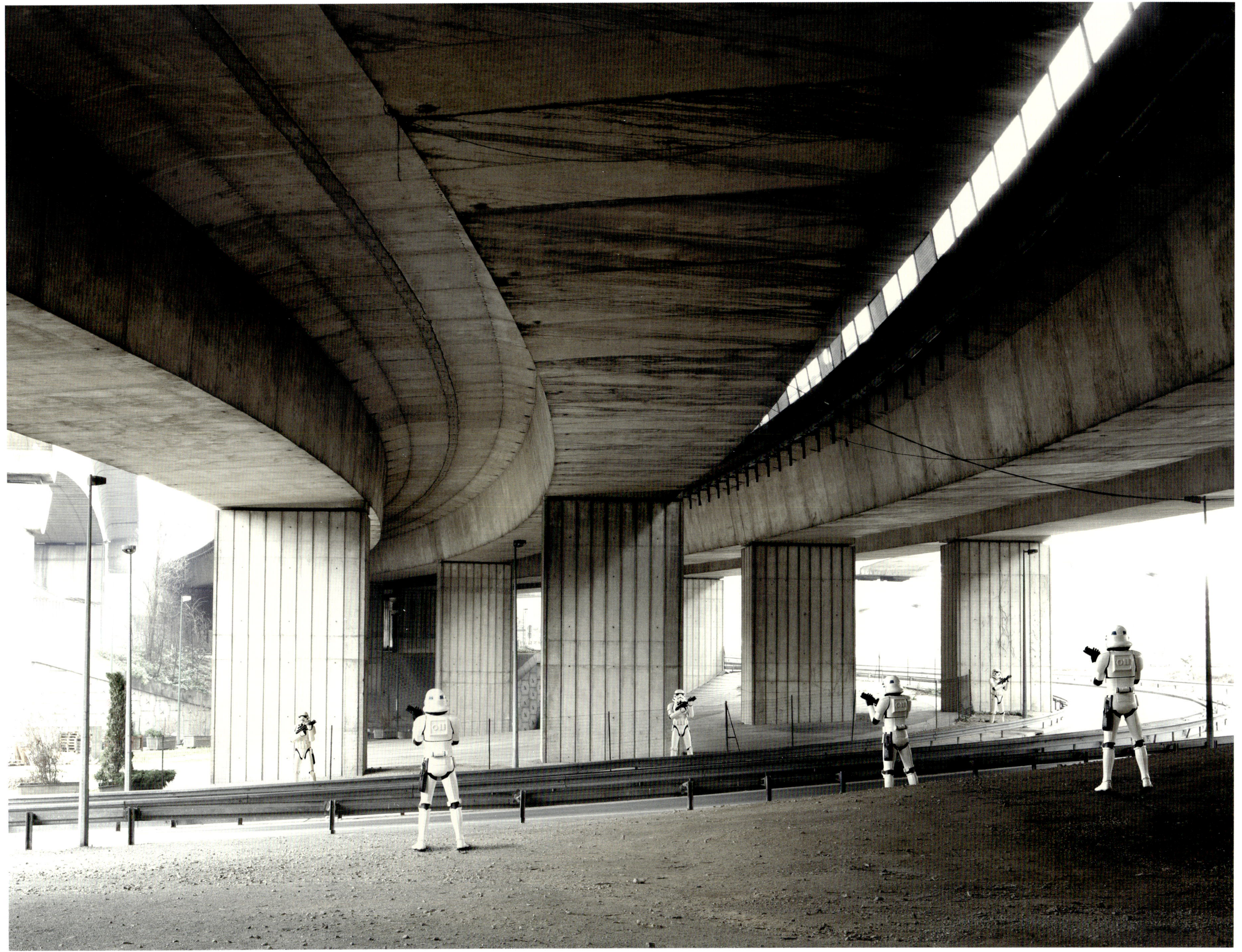

Two Sandtroopers, Paris, 2005.

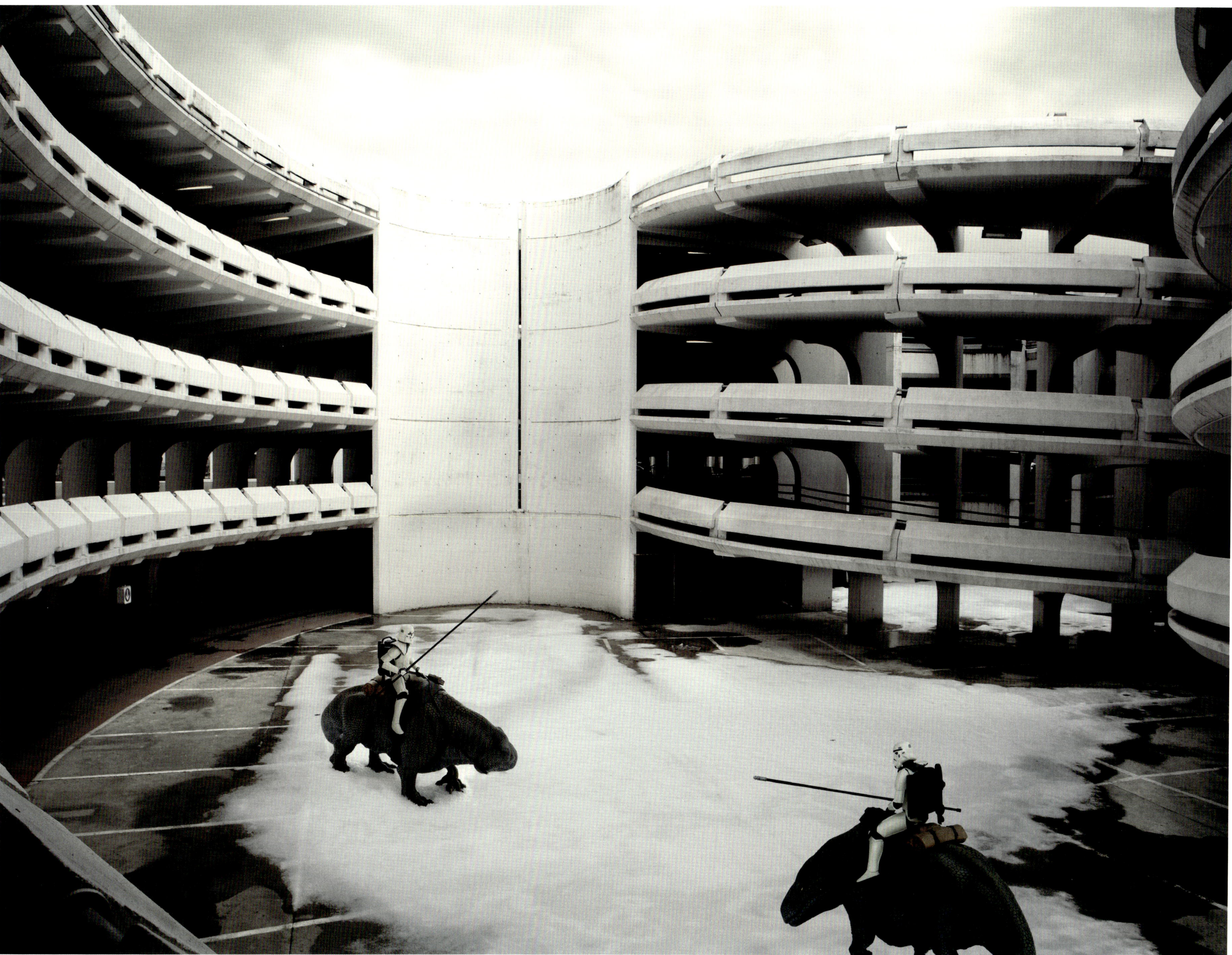

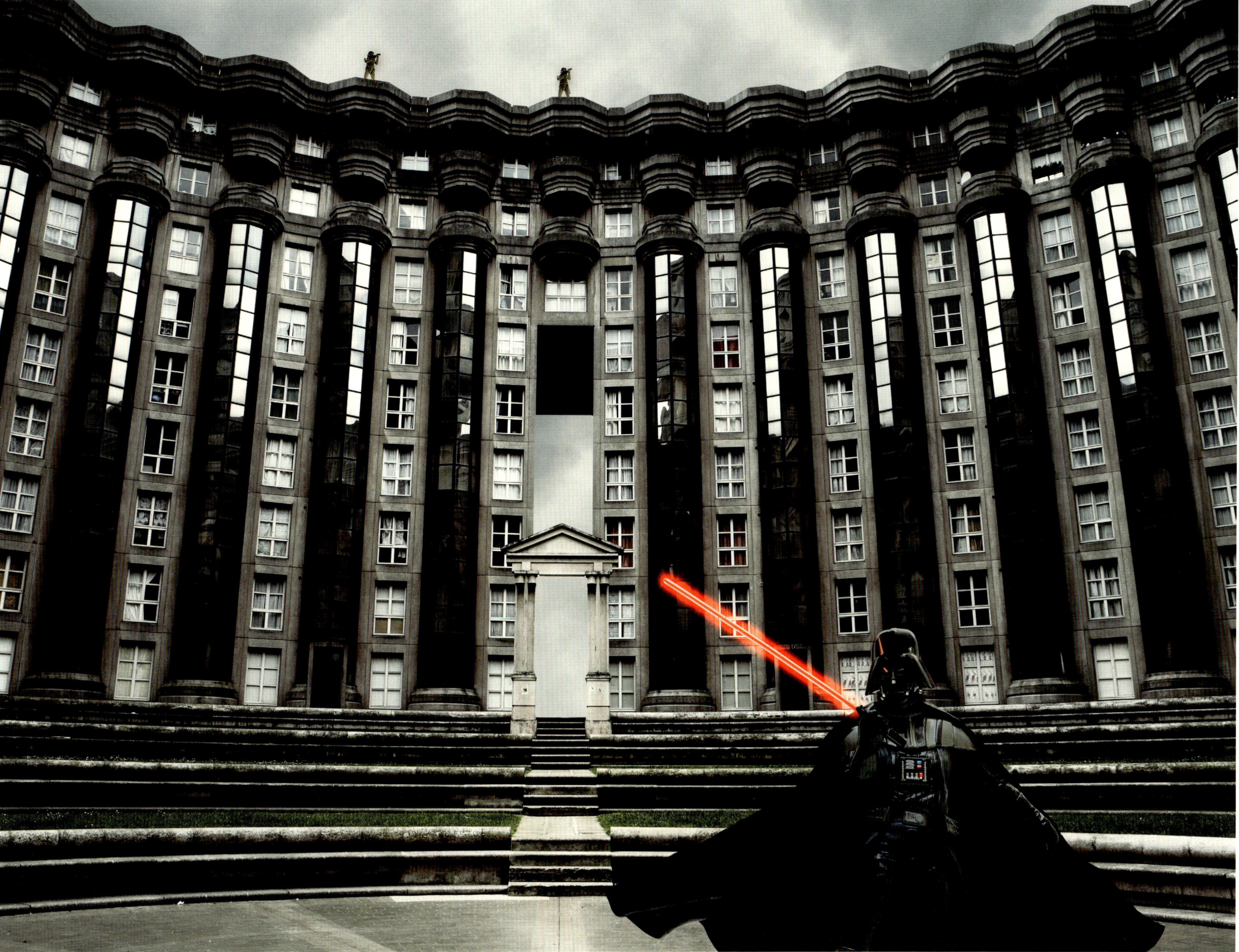

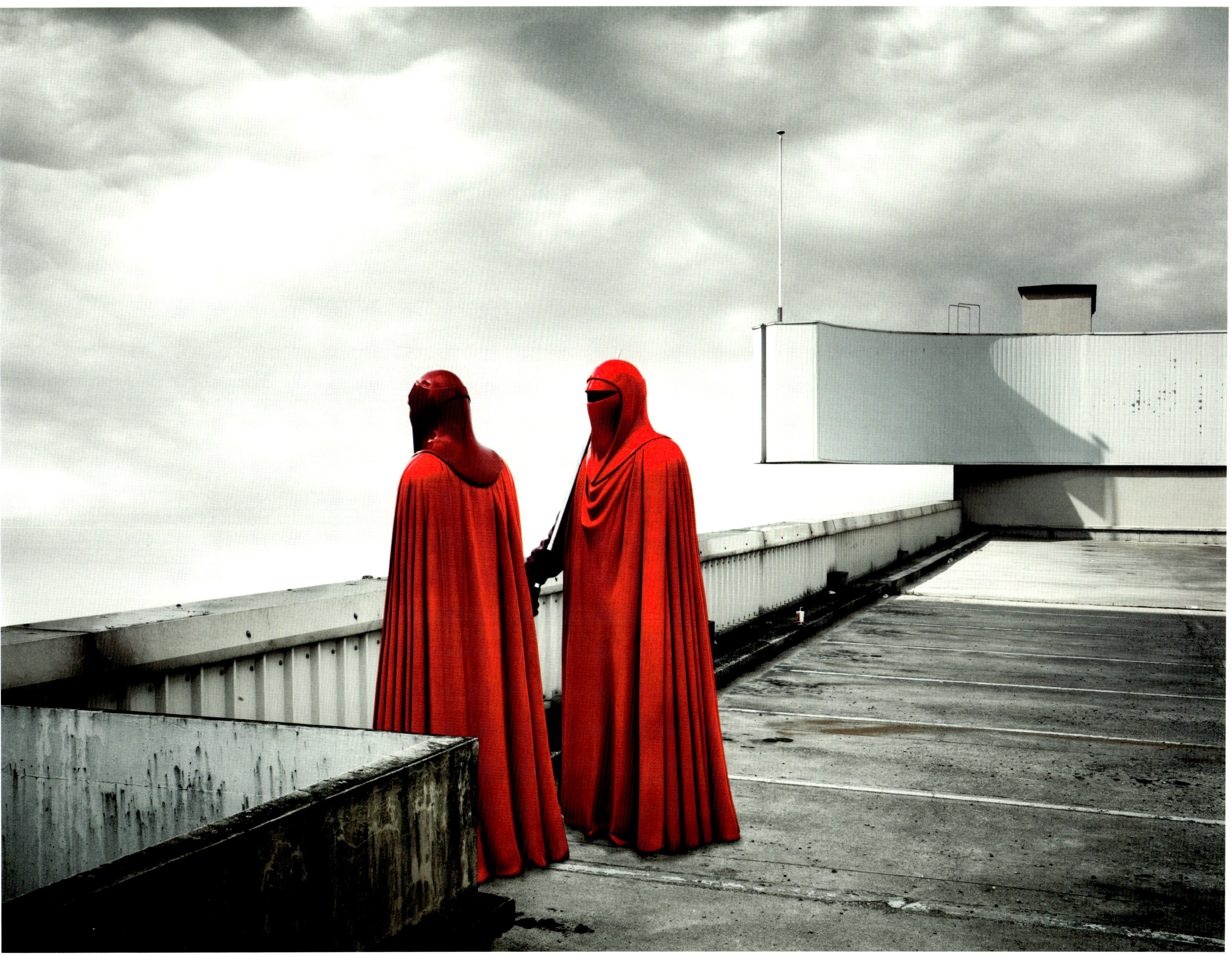

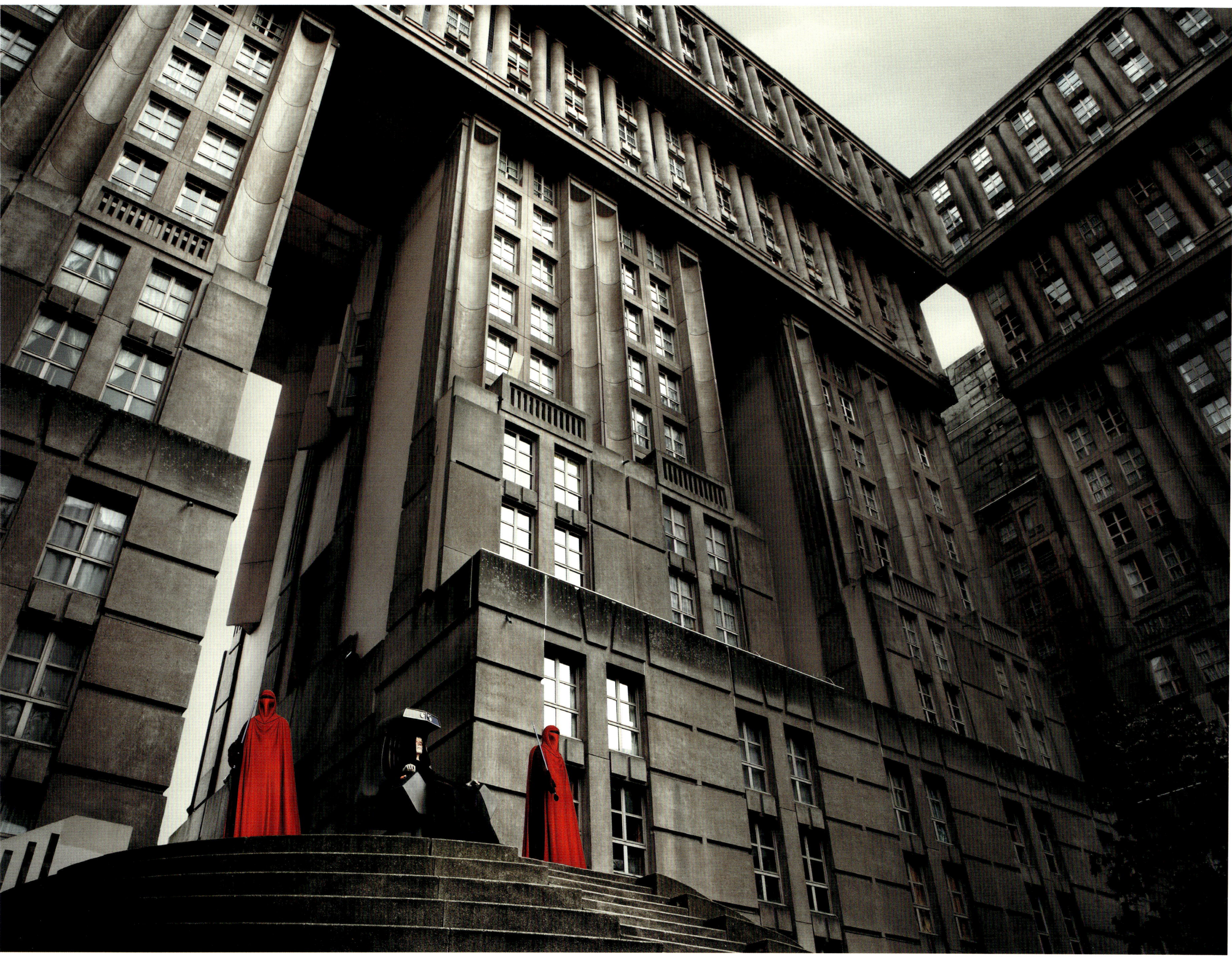

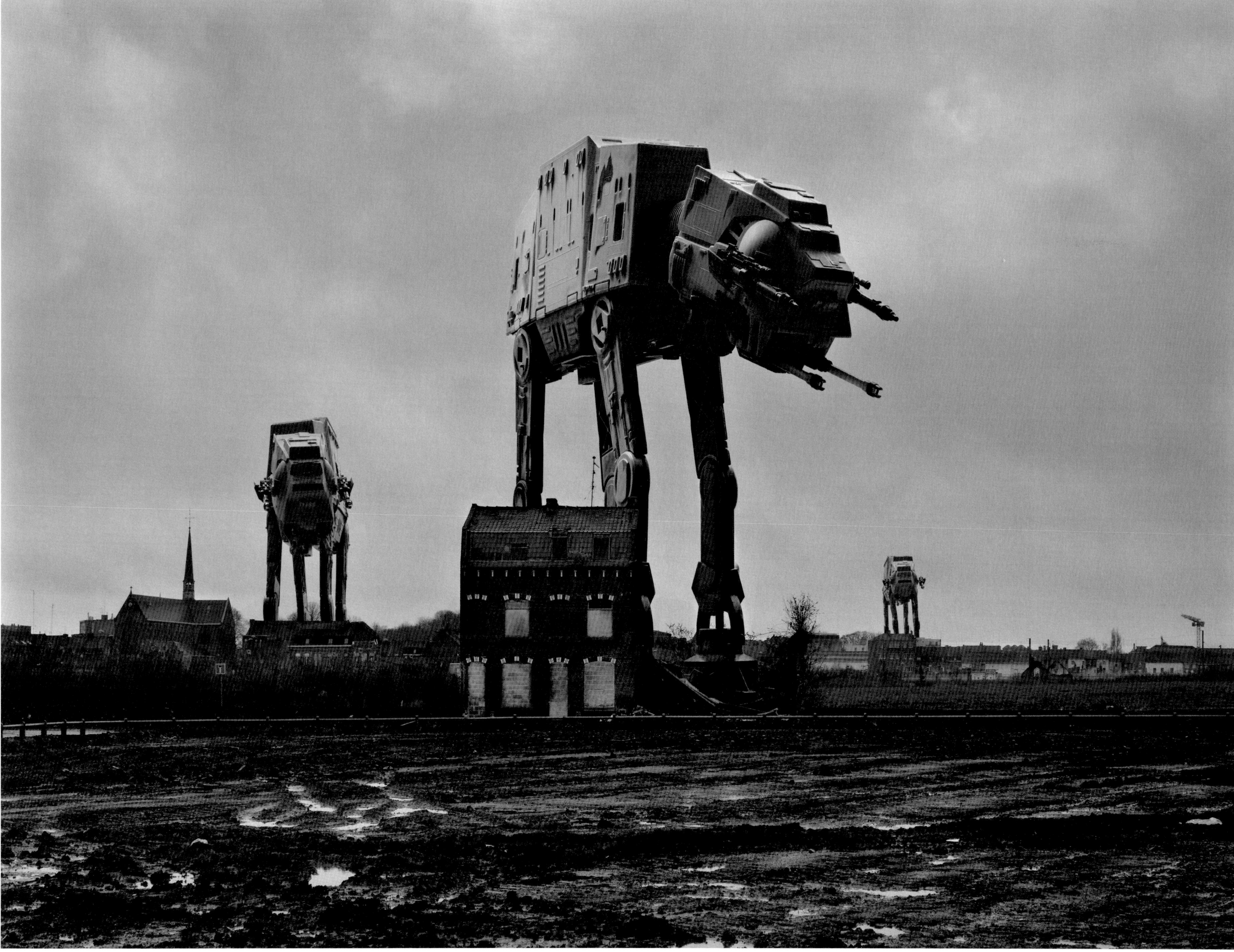

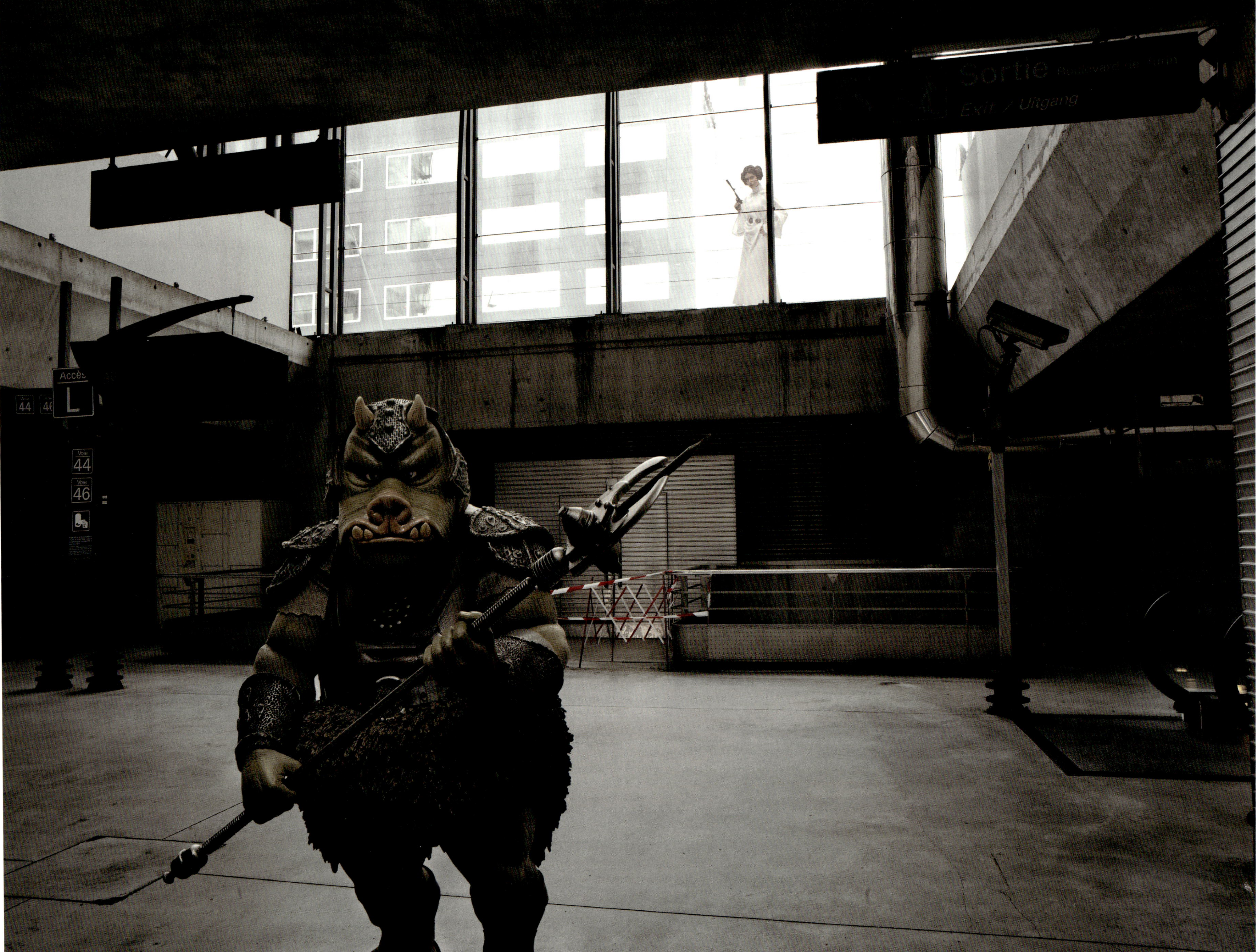

Sortie
Exit / Uitgang
Accès
L
44 46
Voie 44
Voie 46

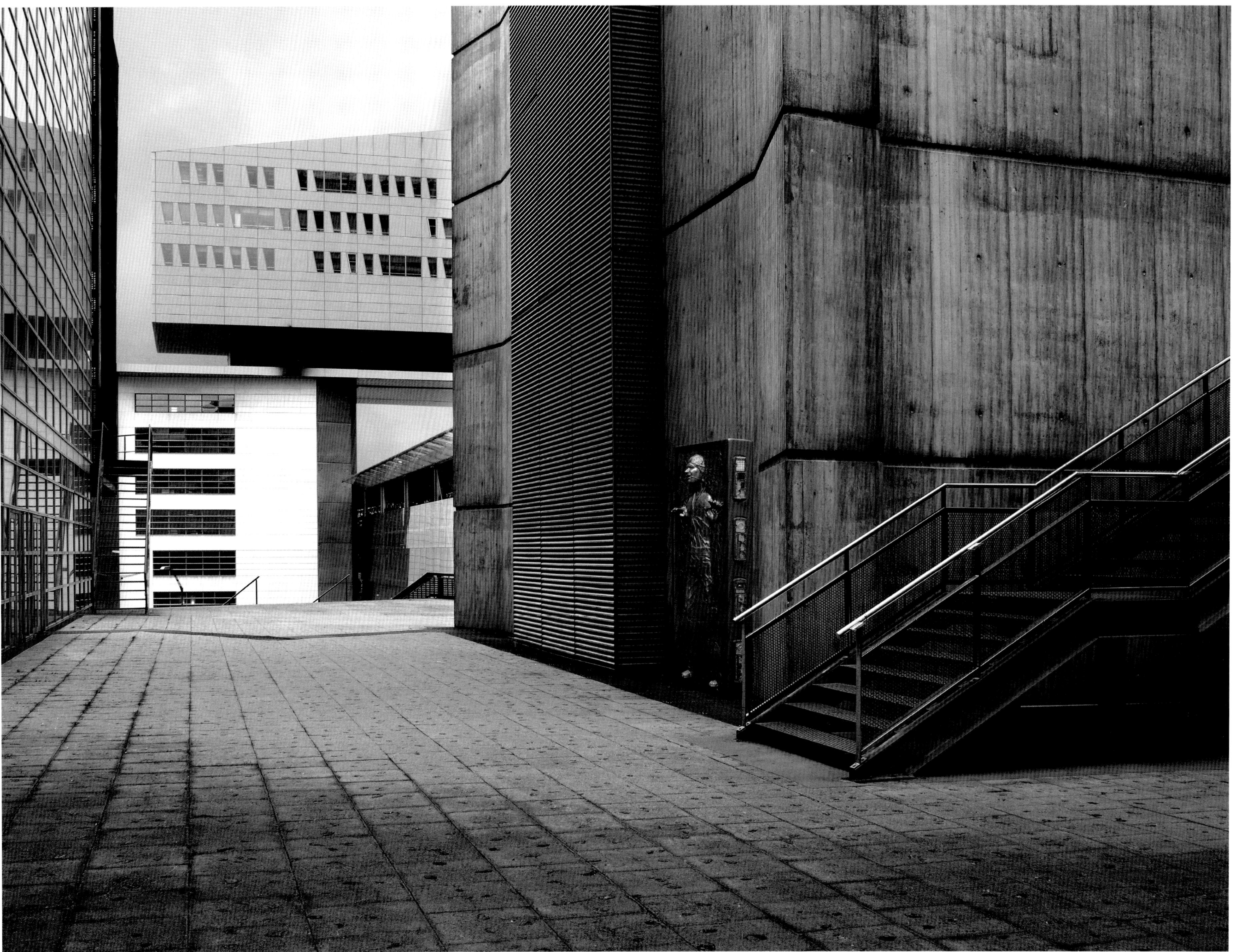

Princess Leia, Lille & surrounding wastelands, 2007.
Carbonite, Lille & surrounding wastelands, 2007.

Patrol at the White Factory, Lille & surrounding wastelands, 2007.

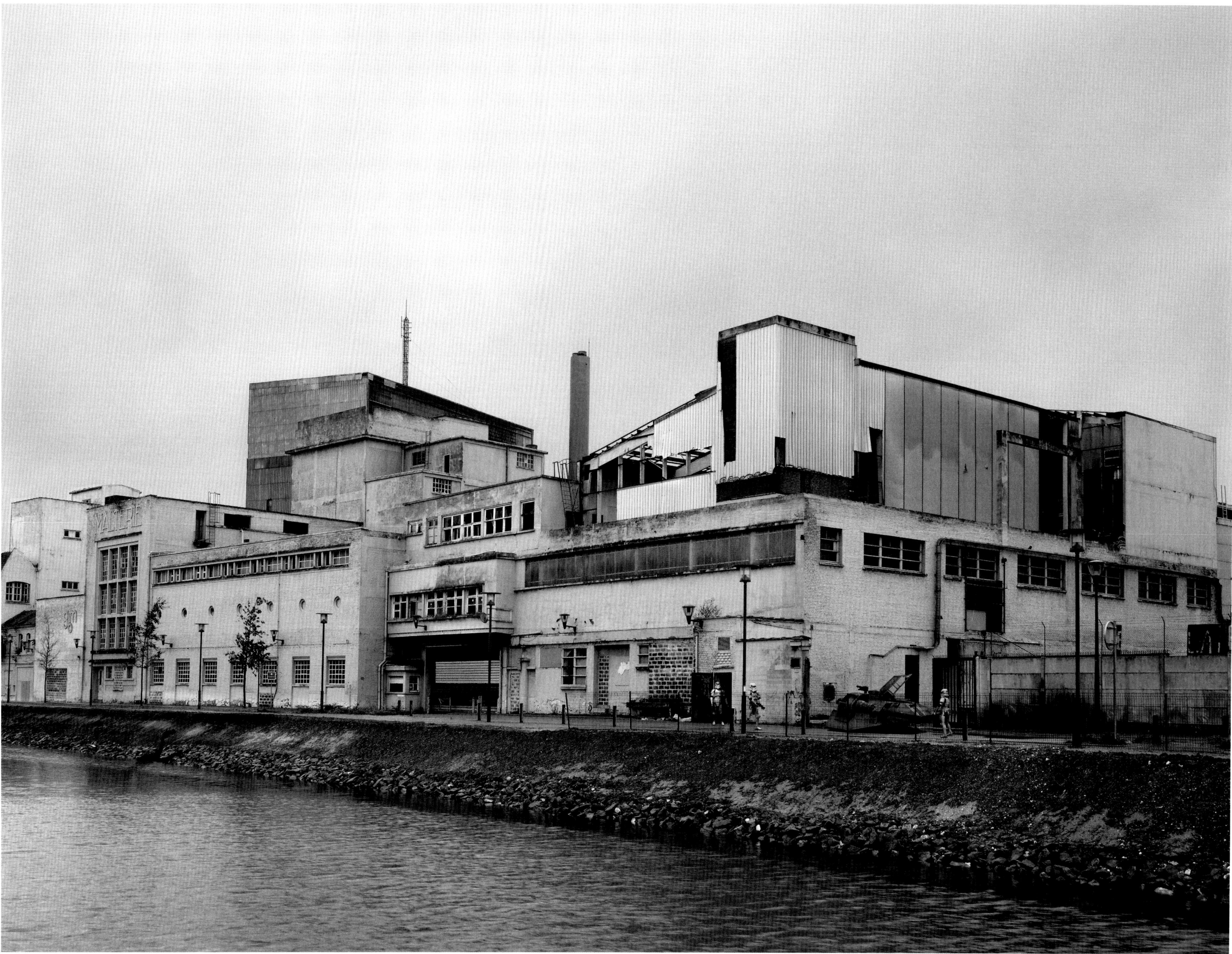

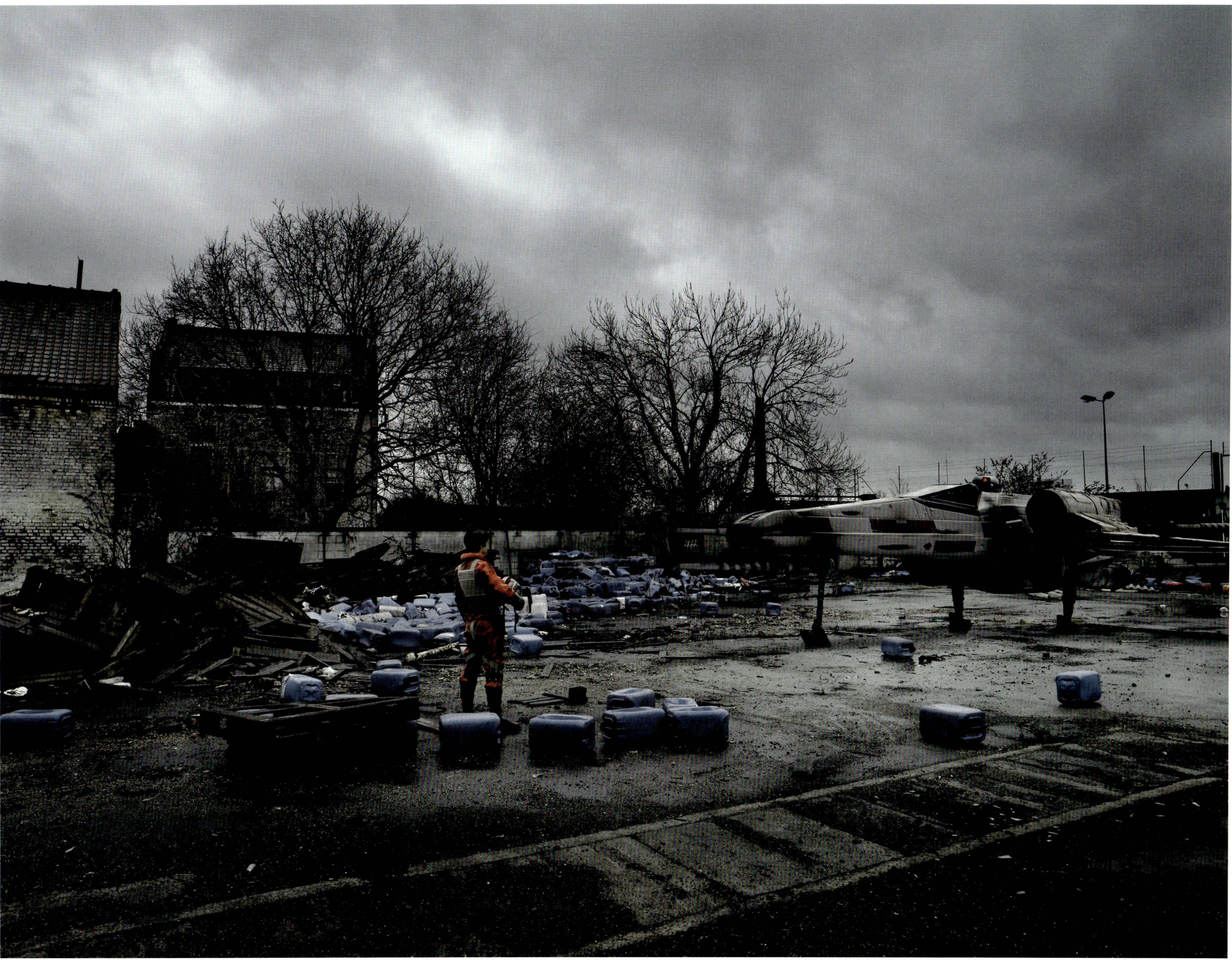

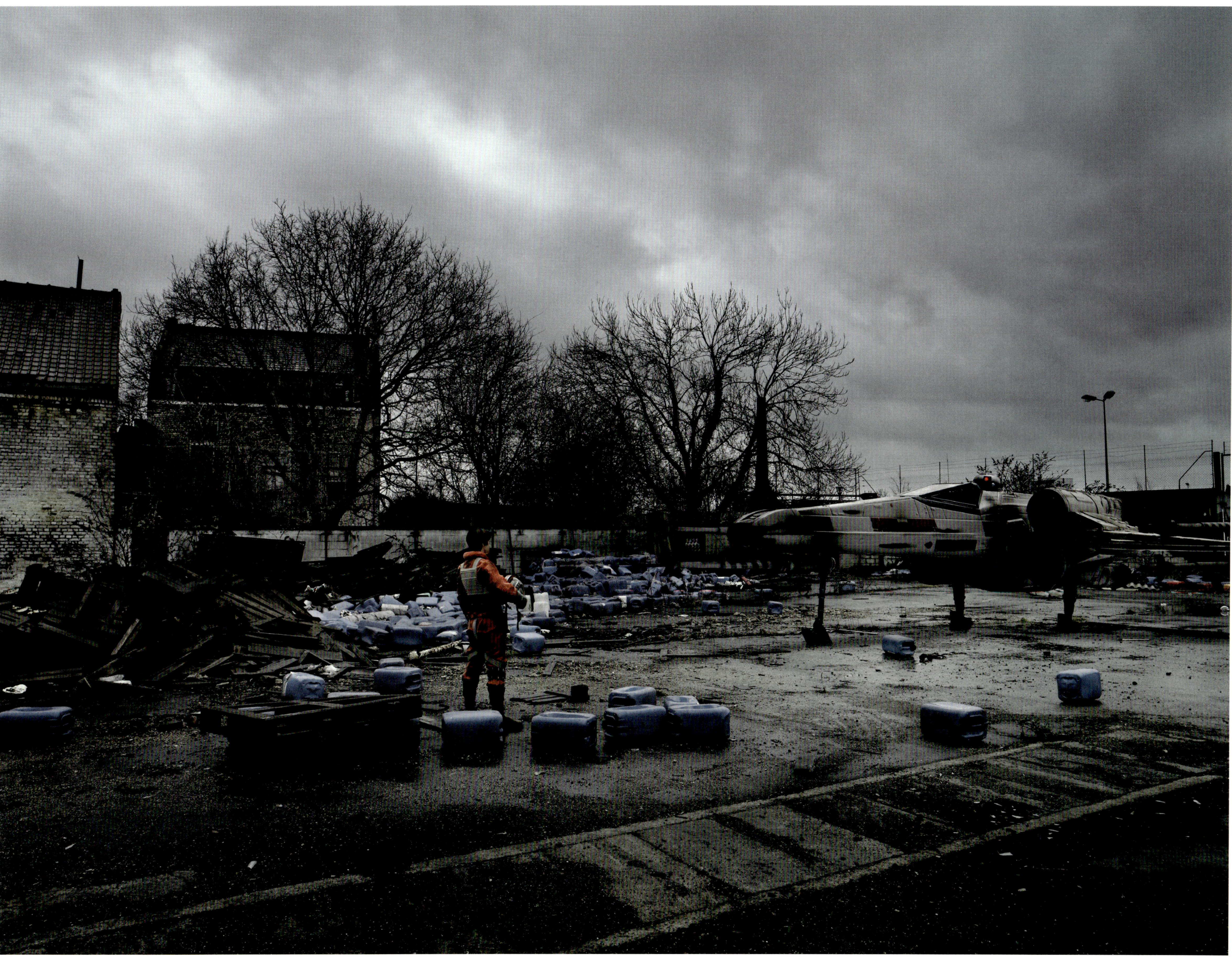

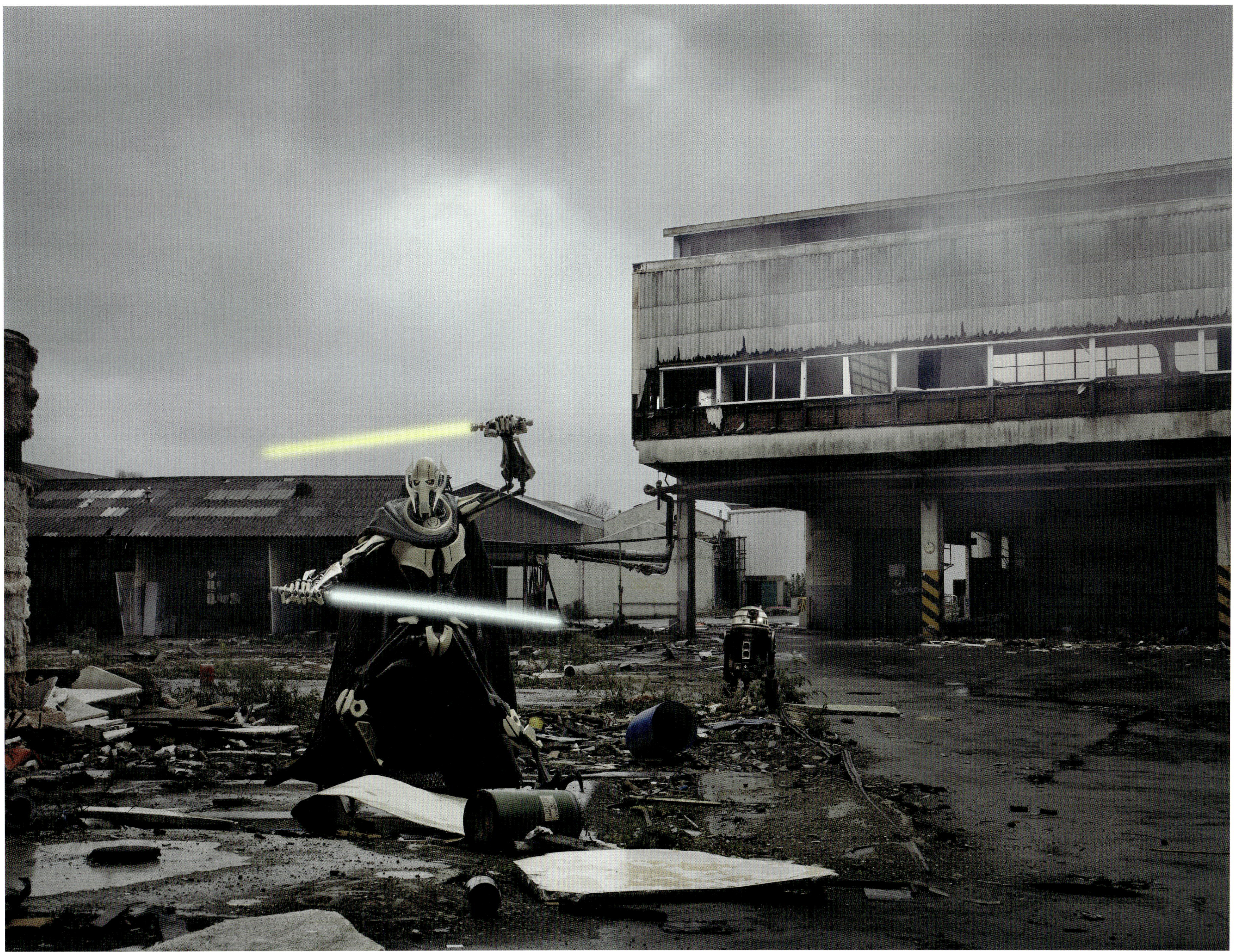

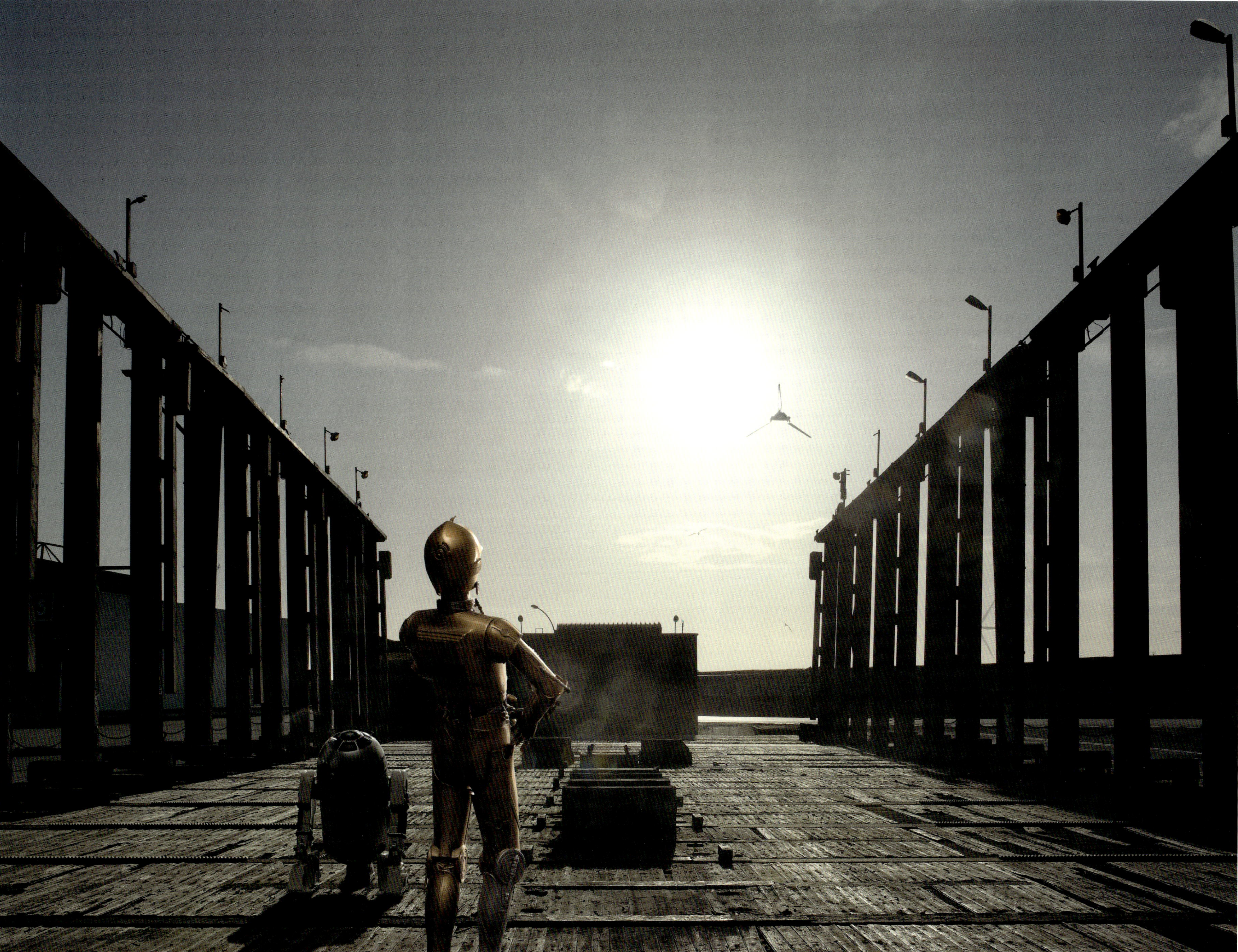

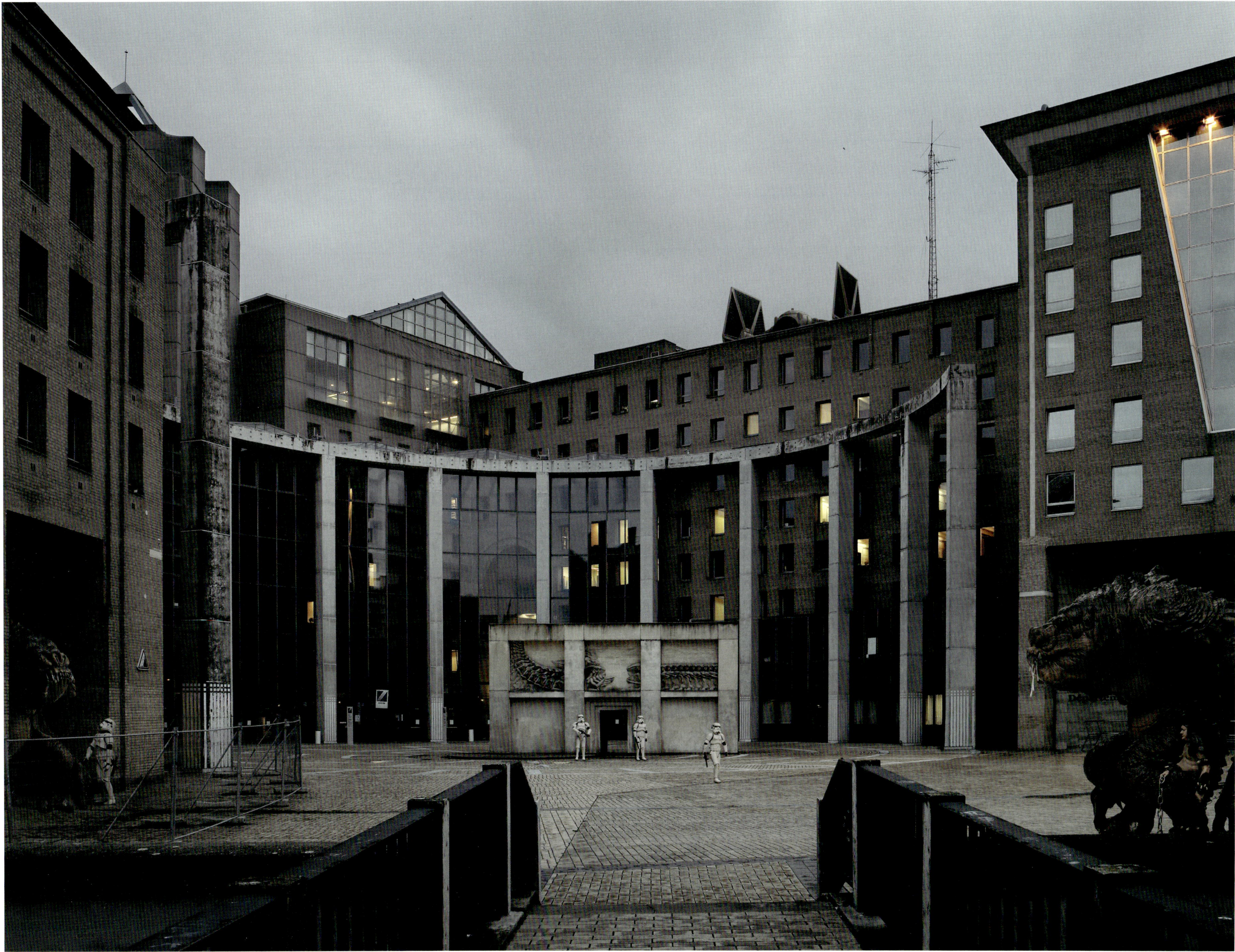

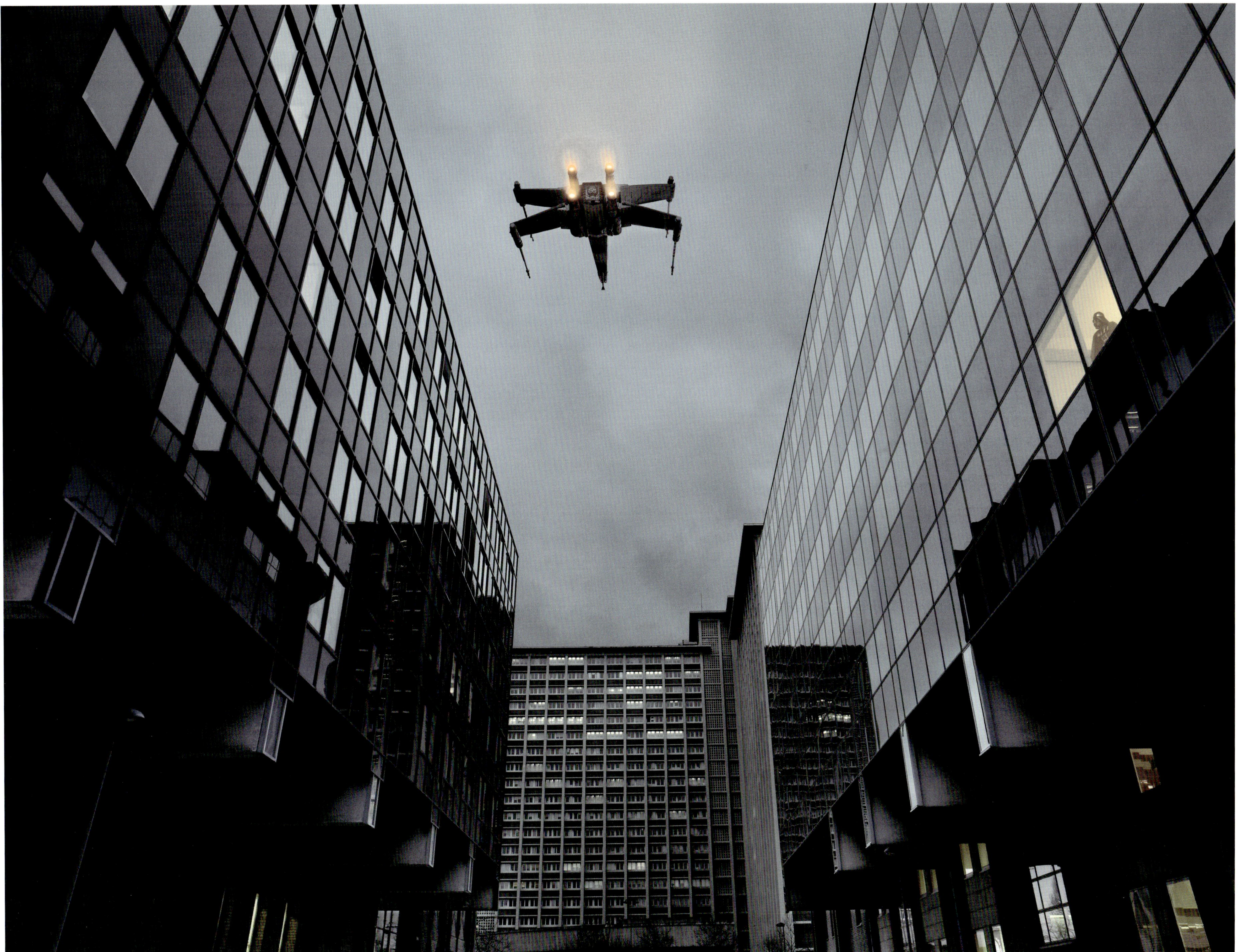

AT-AT in fog, Dubai, 2009.

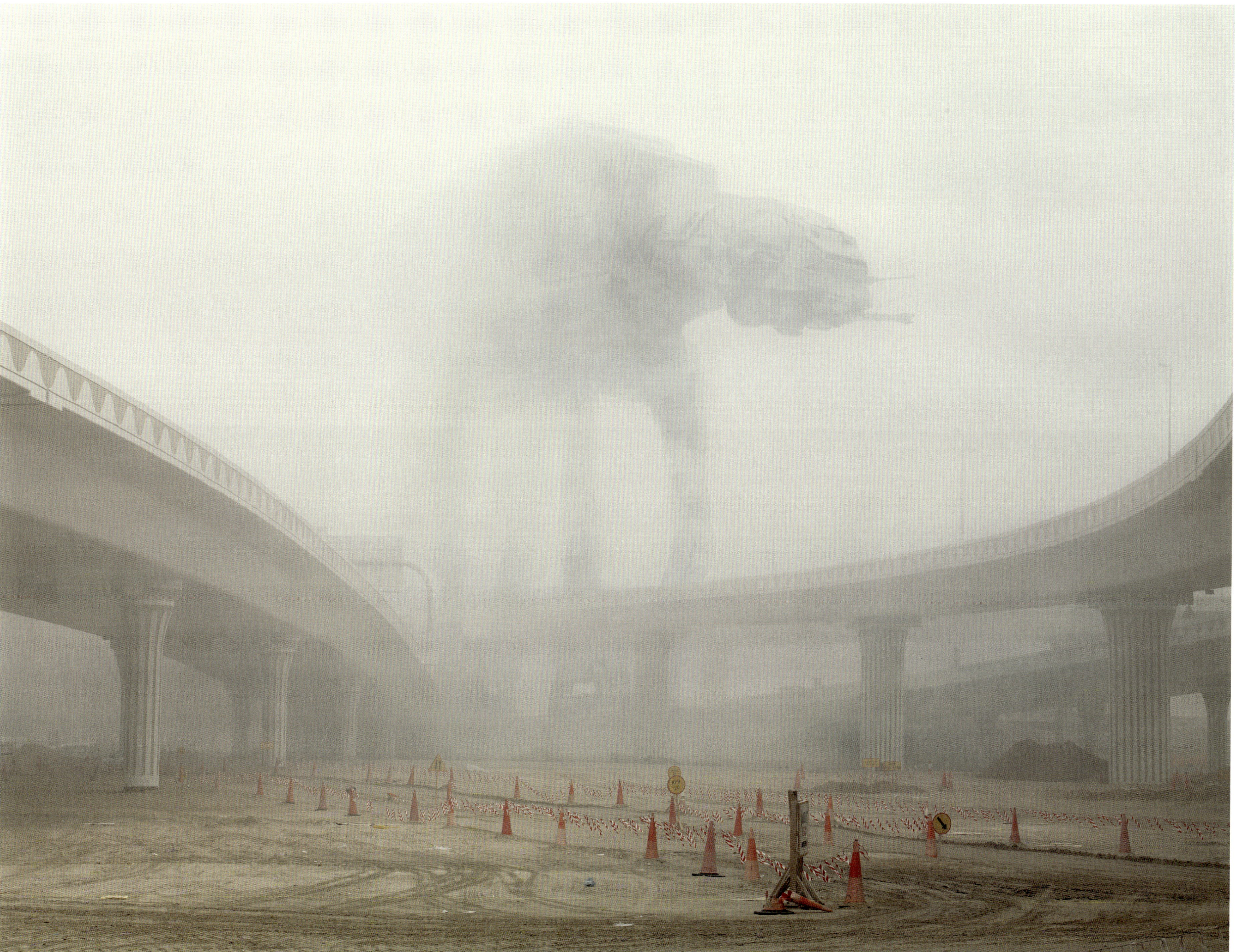

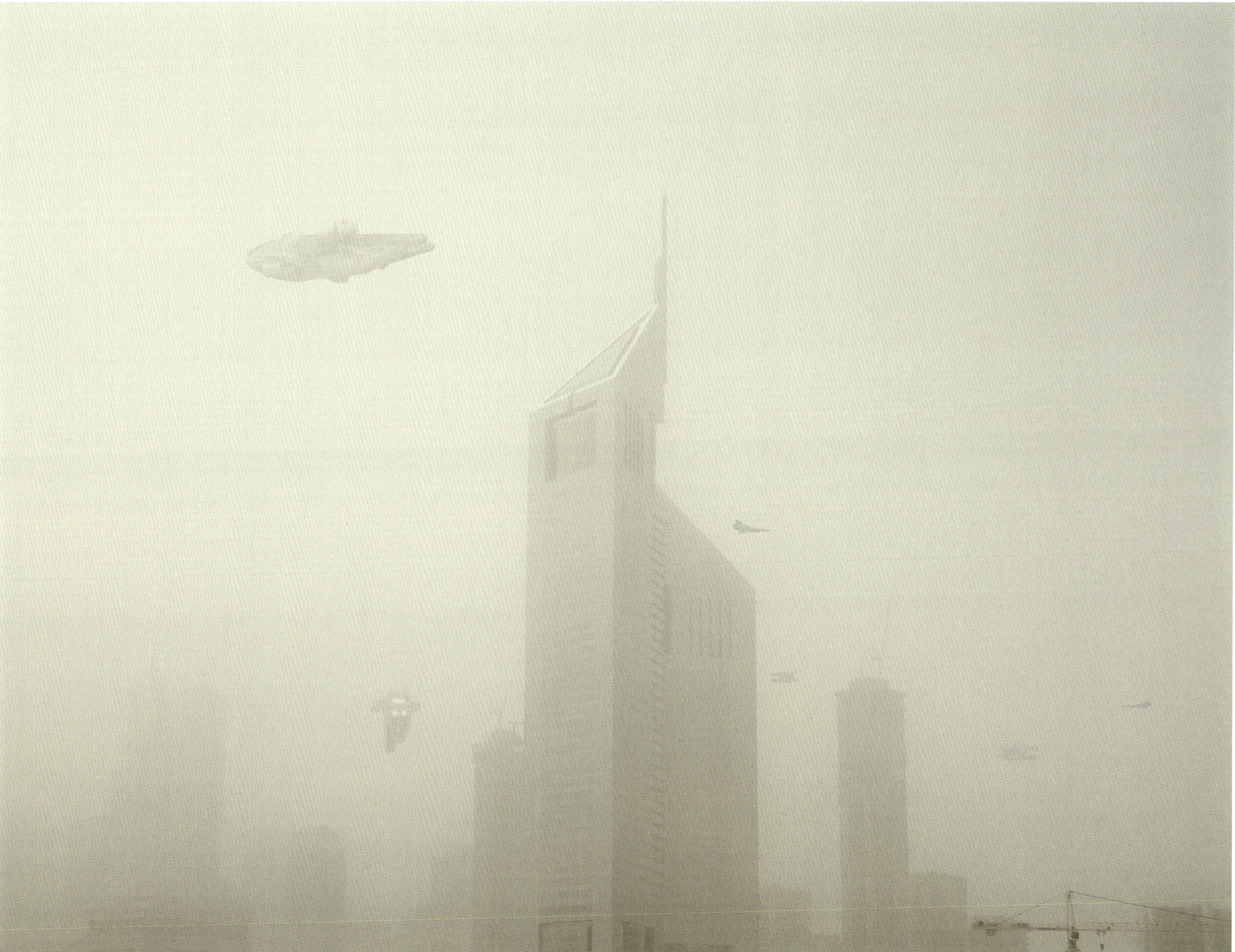

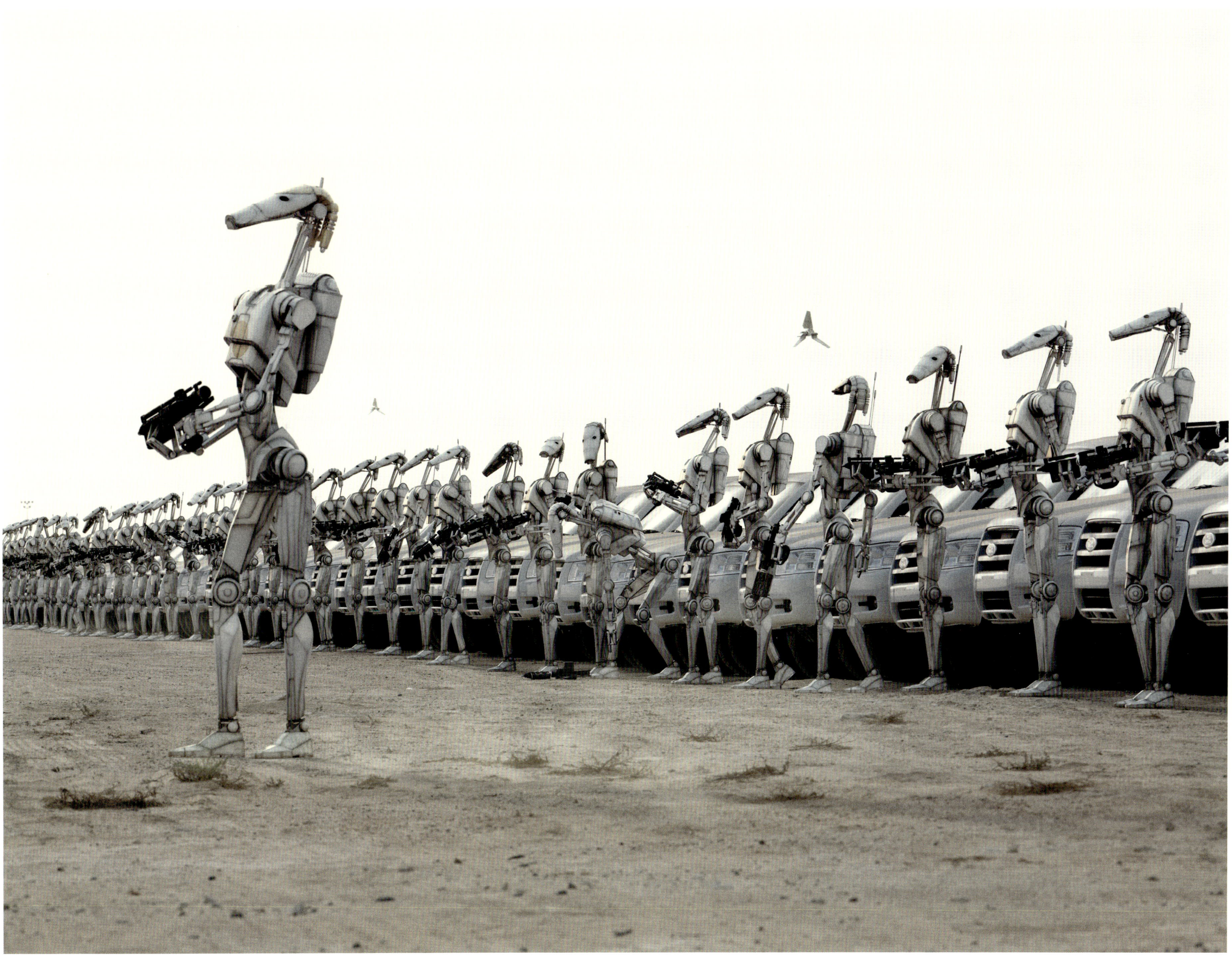

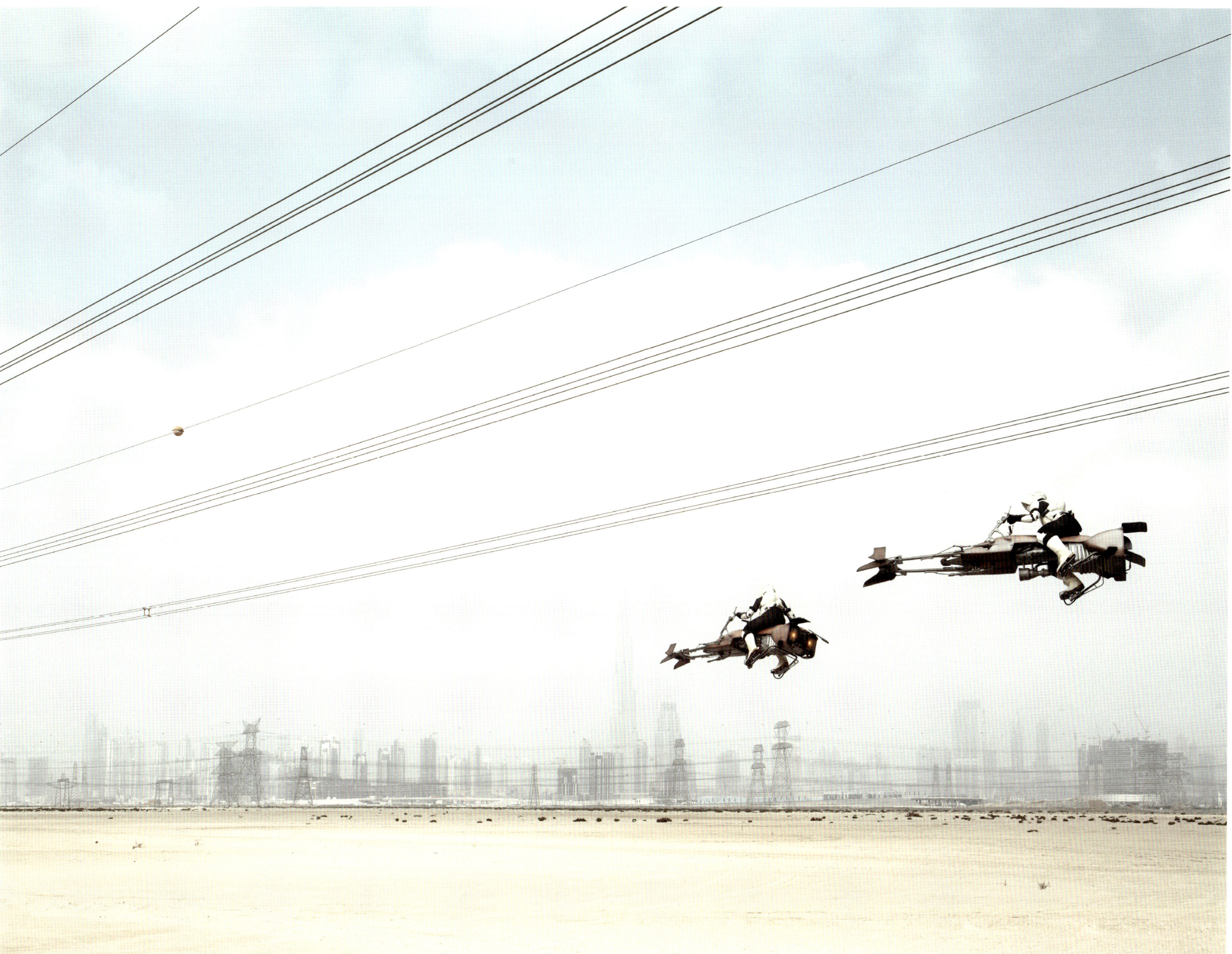

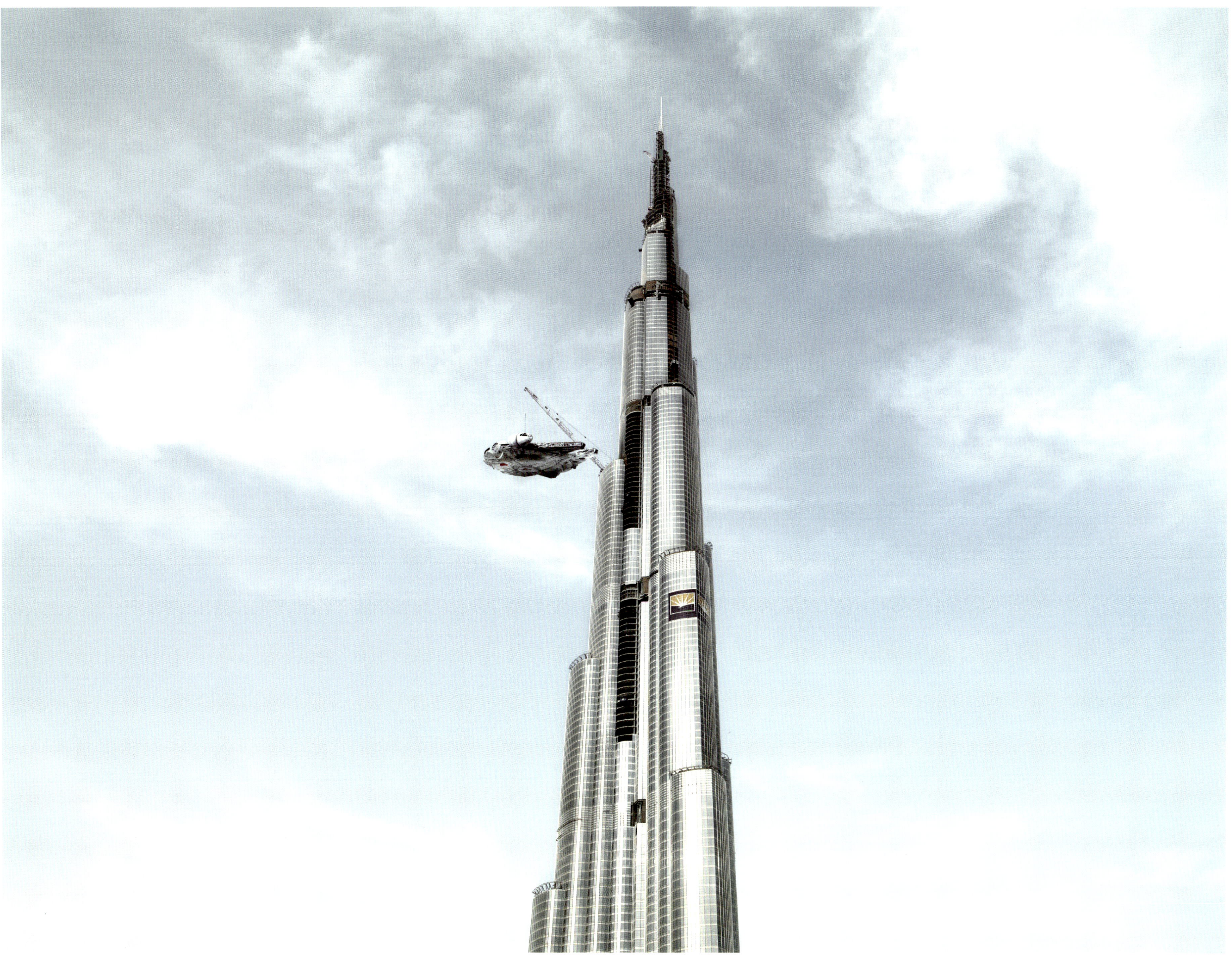

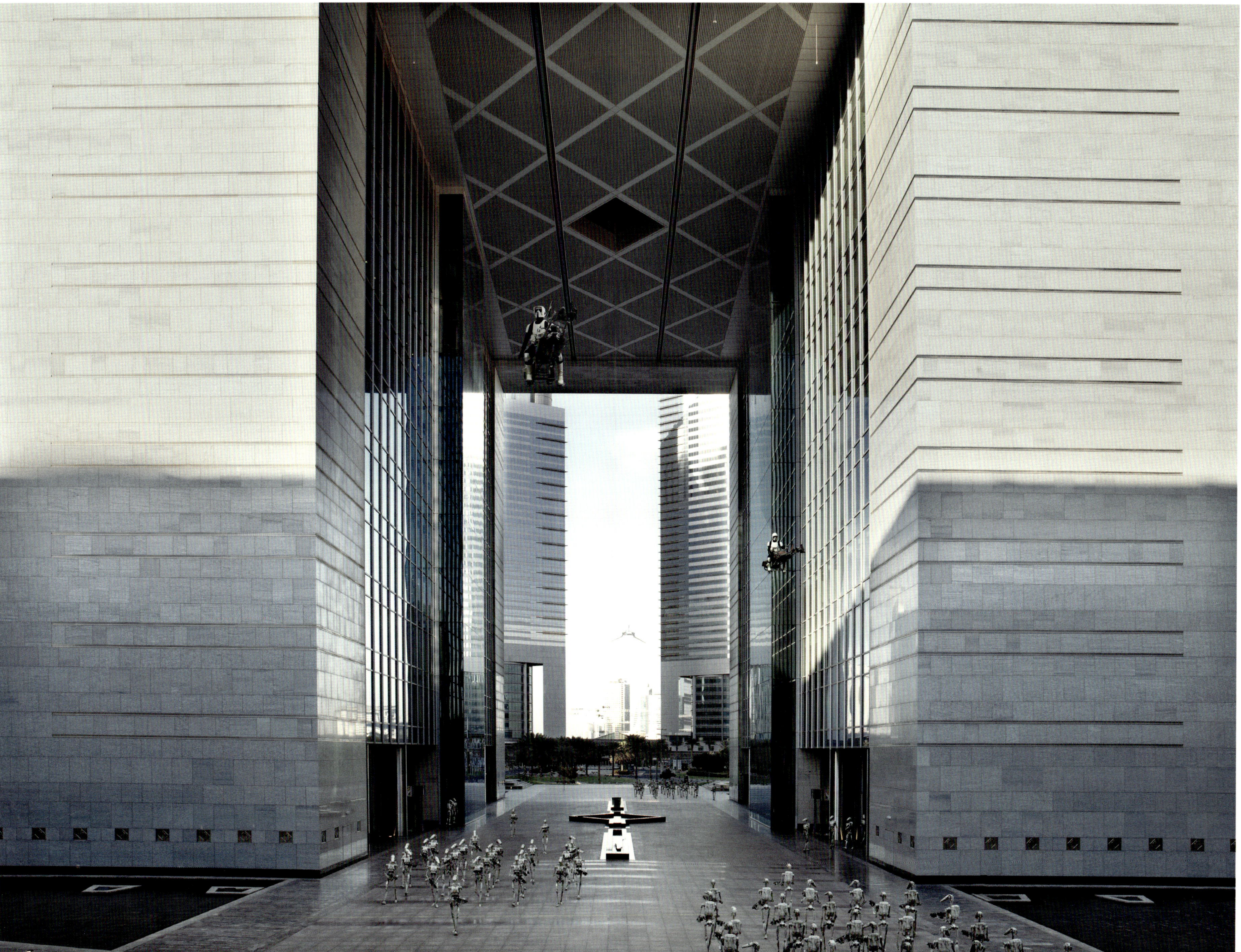

Battle Droids on their round, Dubai, 2009.

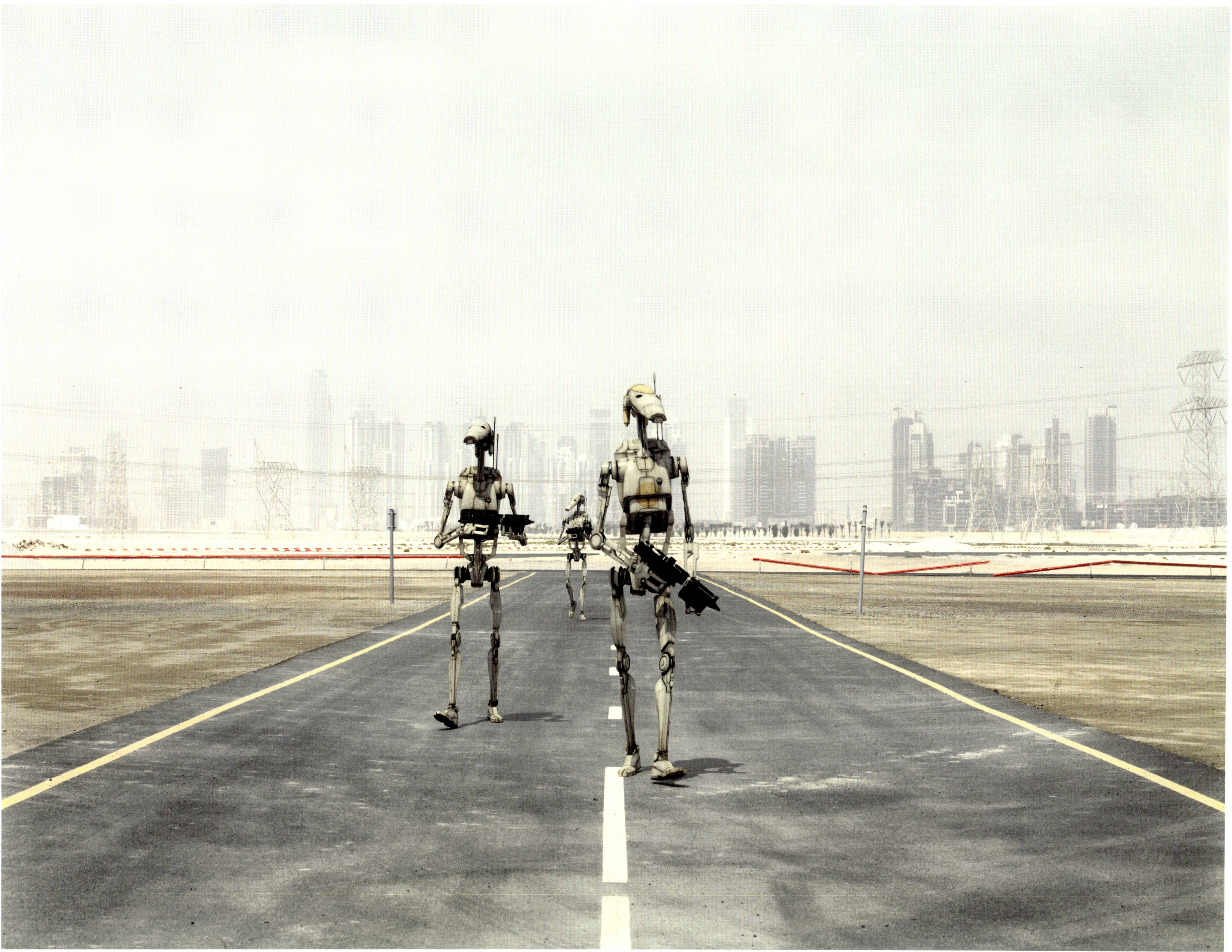

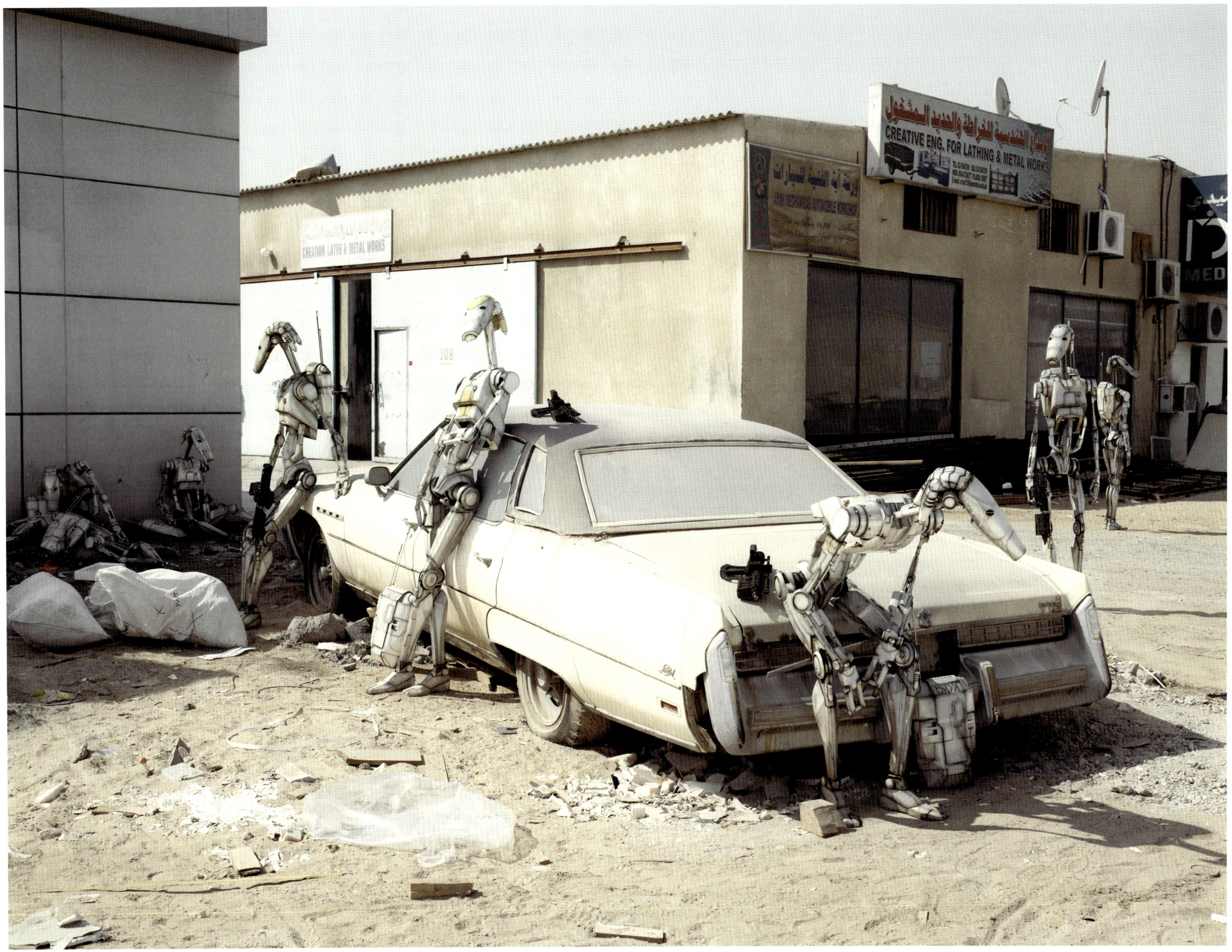
الهندسية للخراطة والحديد المشغول
CREATIVE ENG. FOR LATHING & METAL WORKS
CREATION LATHE & METAL WORKS

Death Trooper, Dubai, 2011.

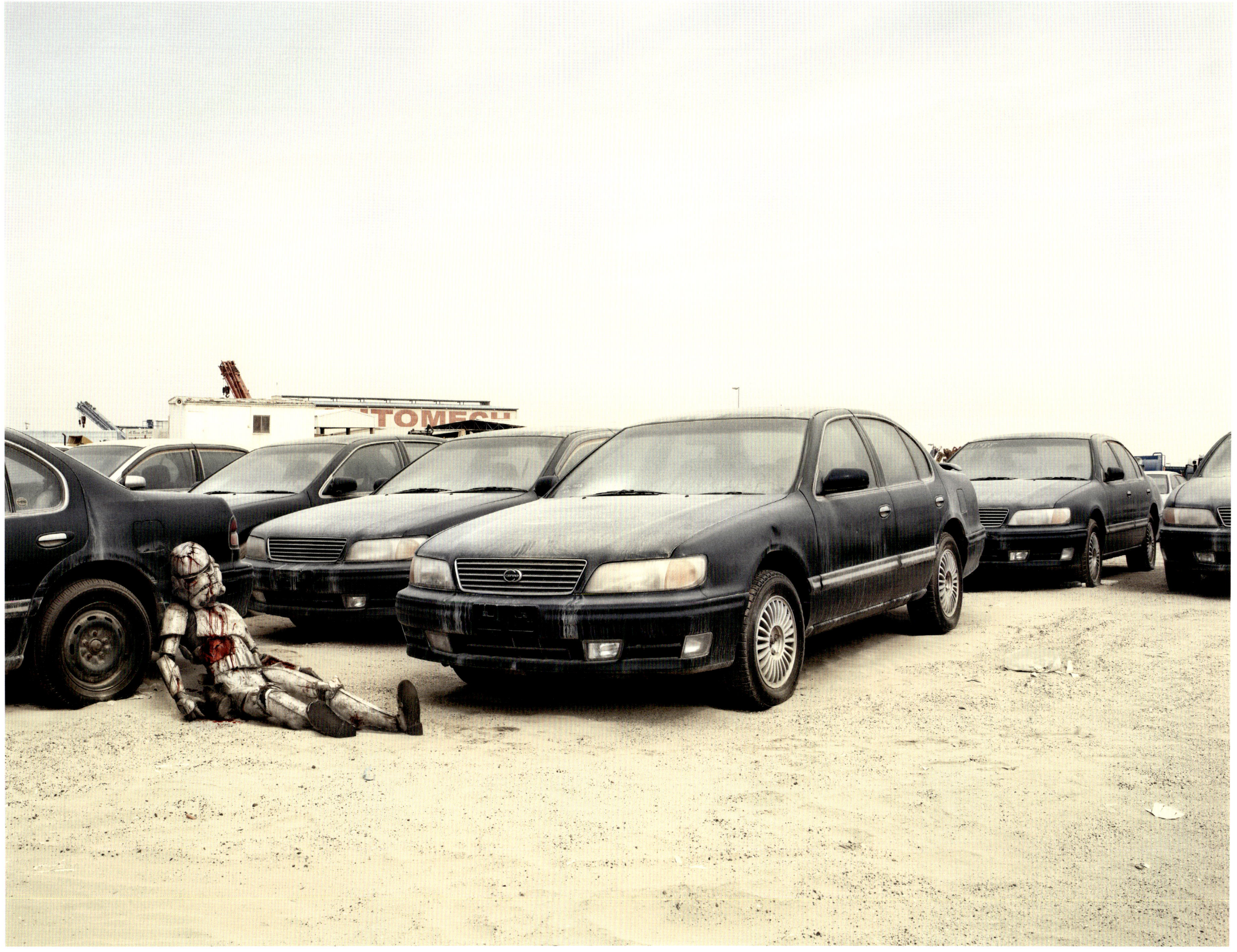
TOMECH

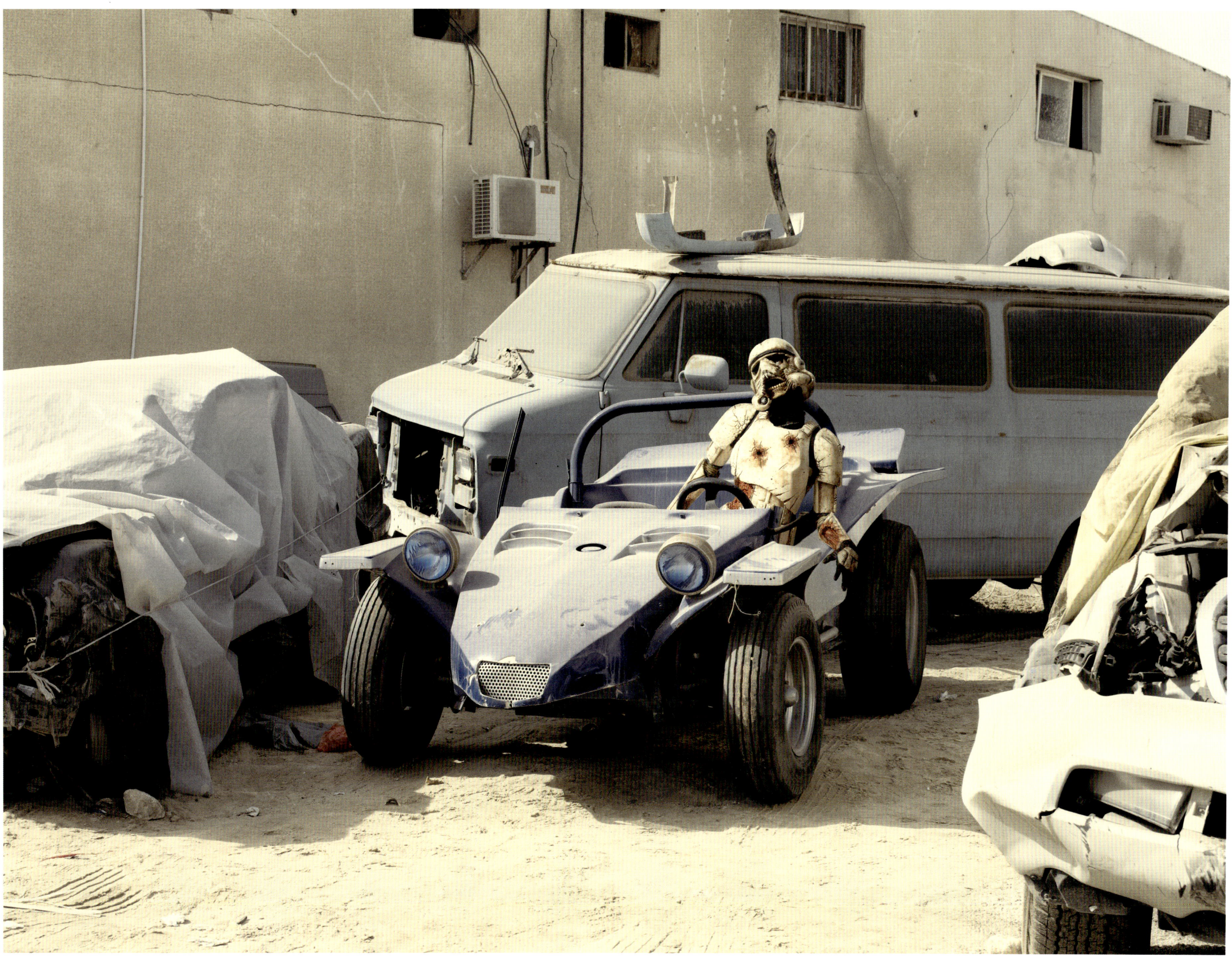

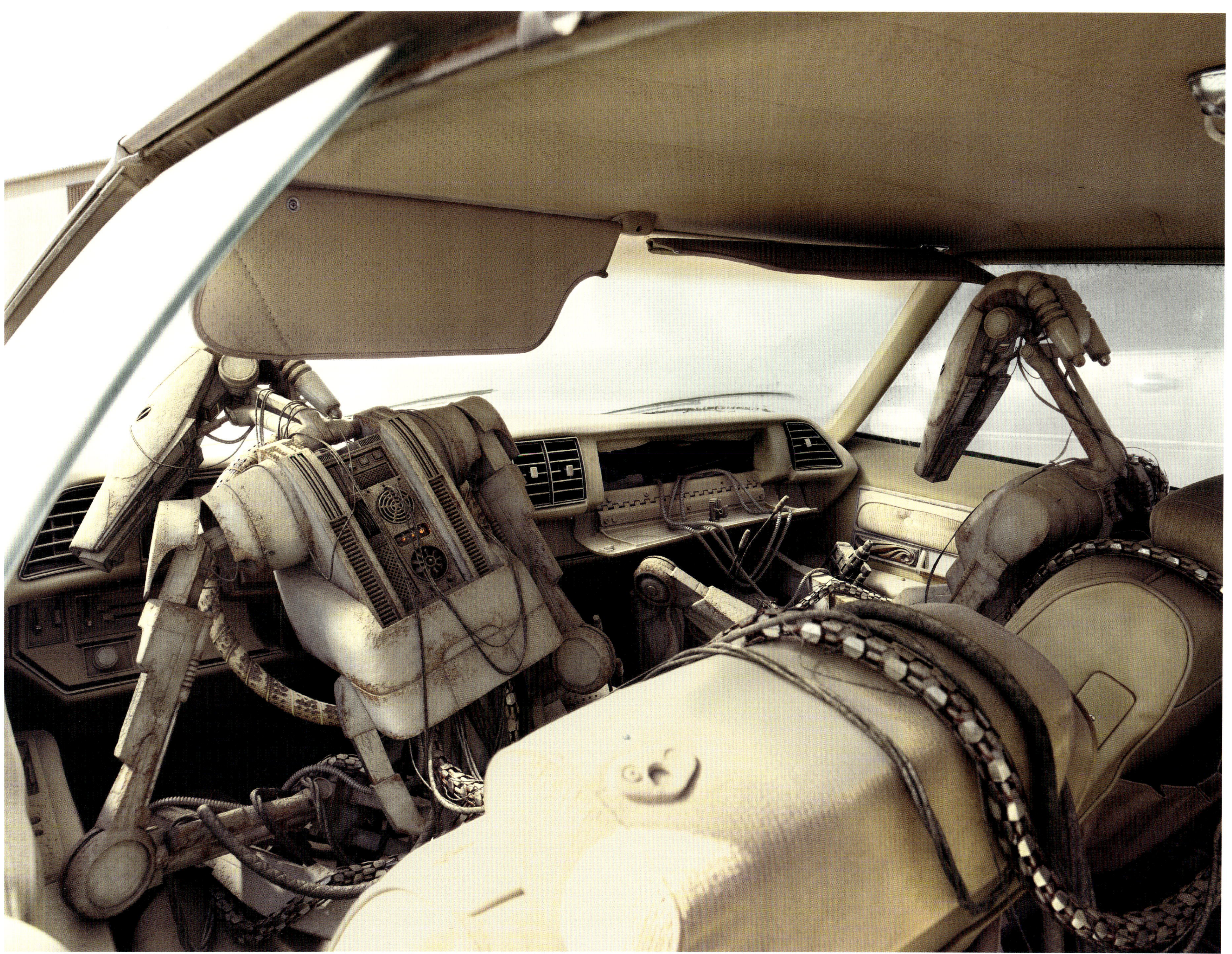

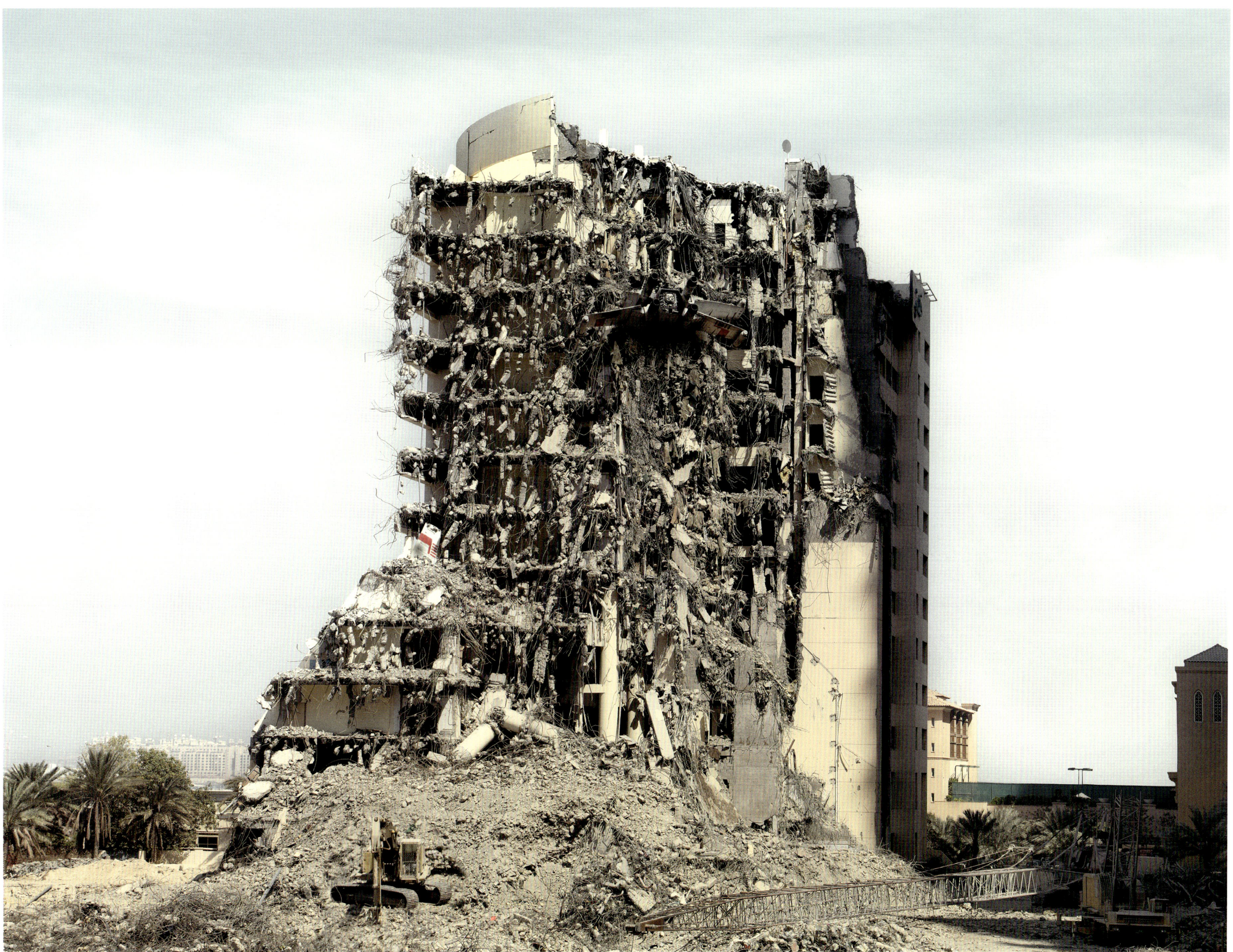

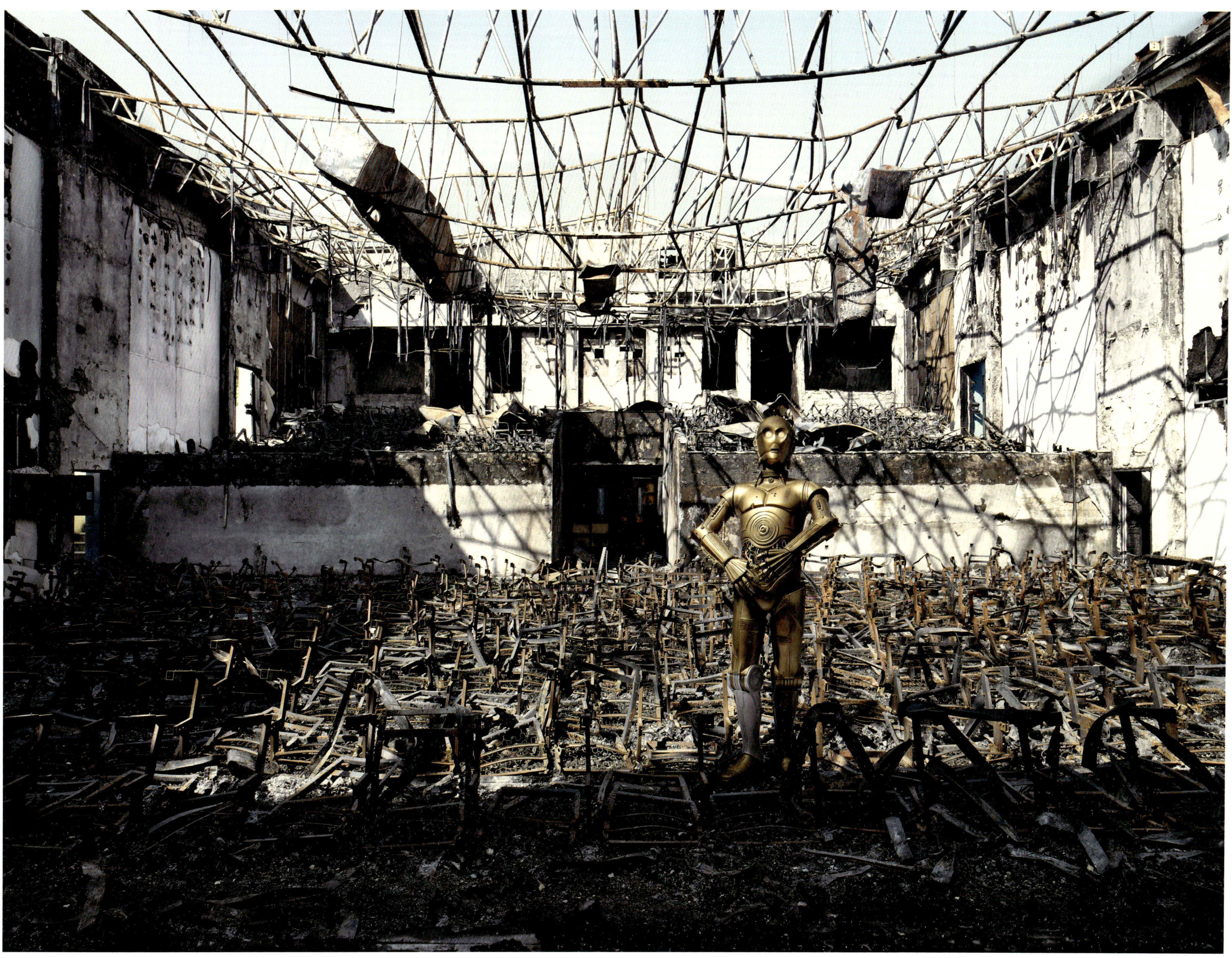

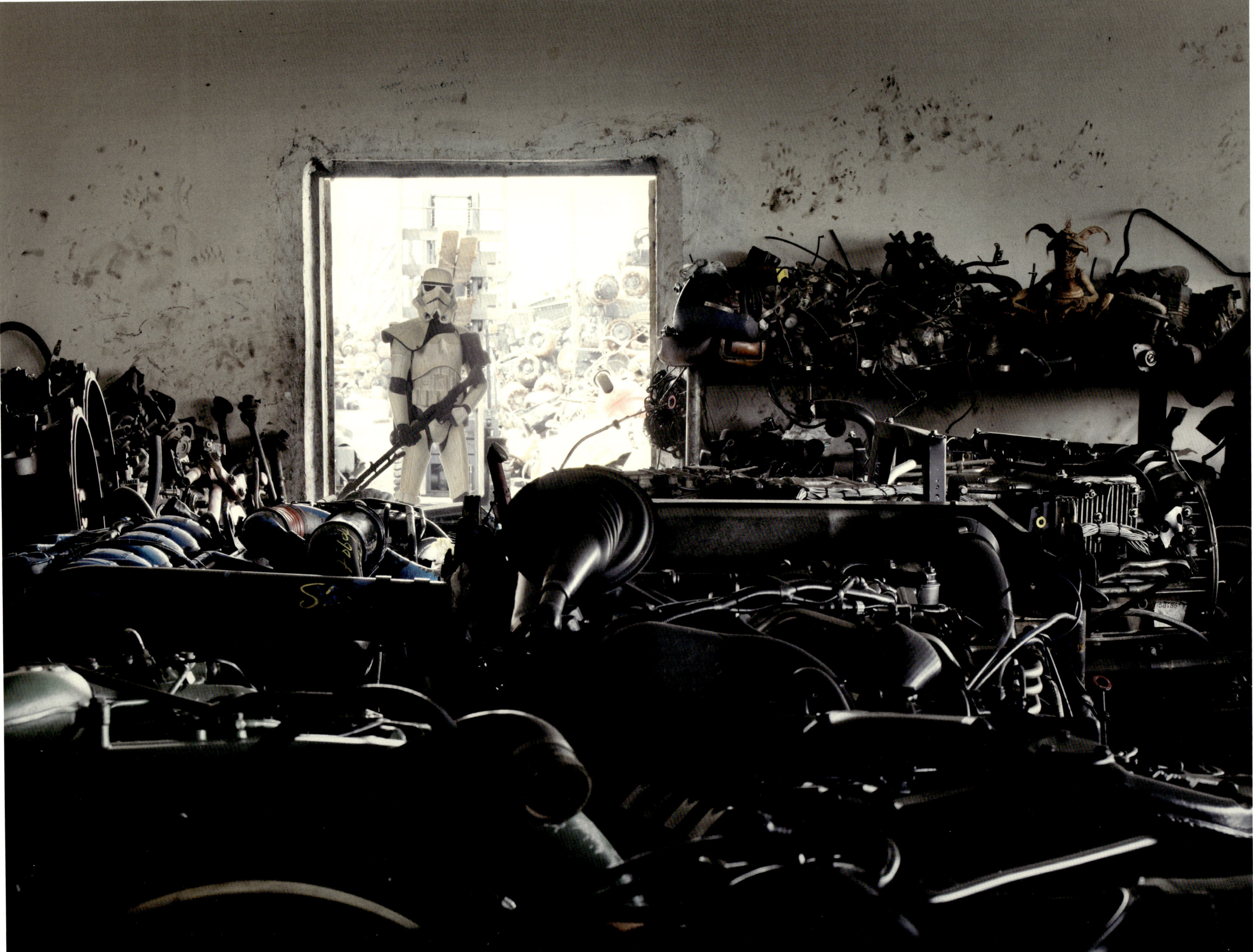

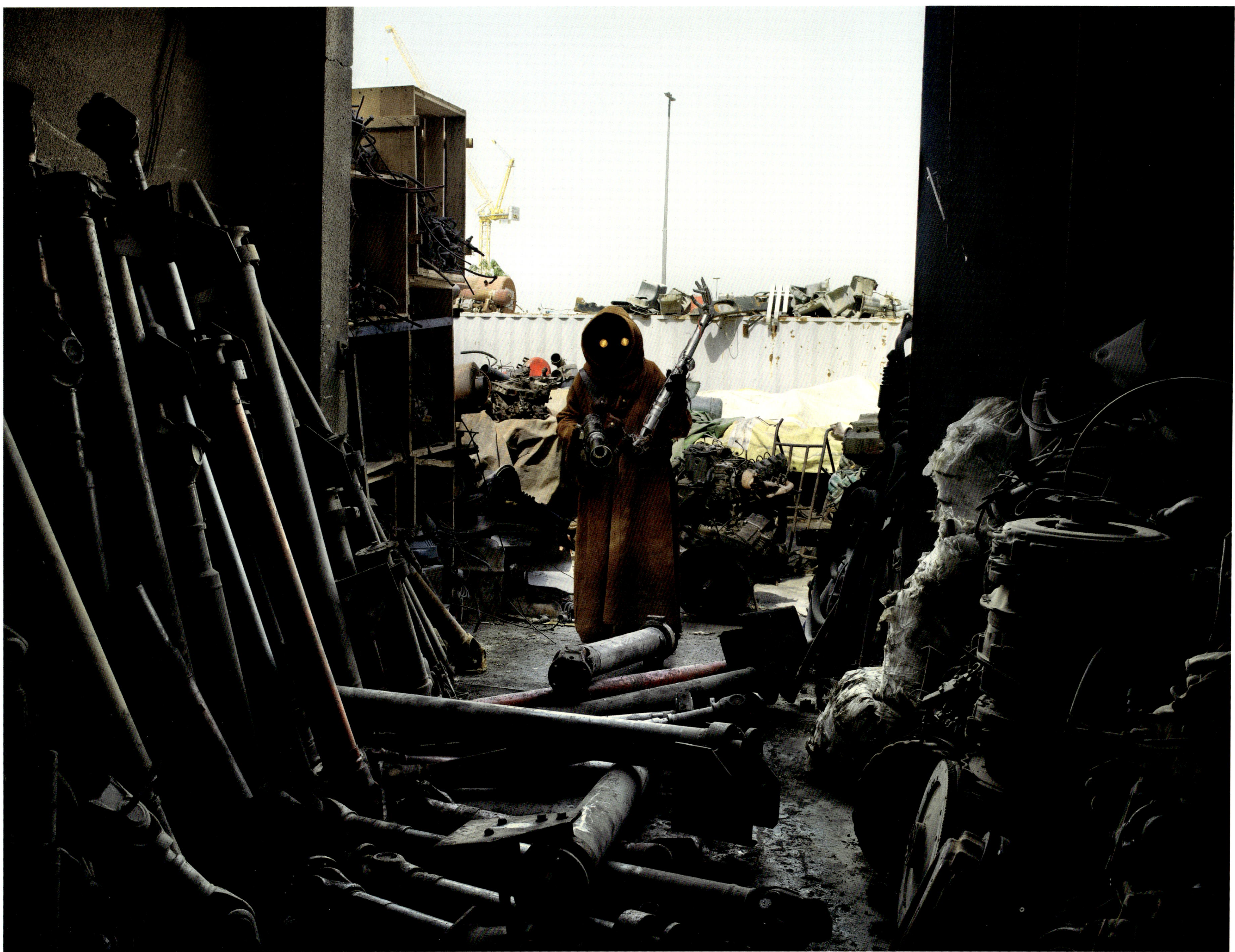

The Hyperdrive Store, 2009.
The Robbery, Dubai, 2009.

Carwash, Dubai, 2009.

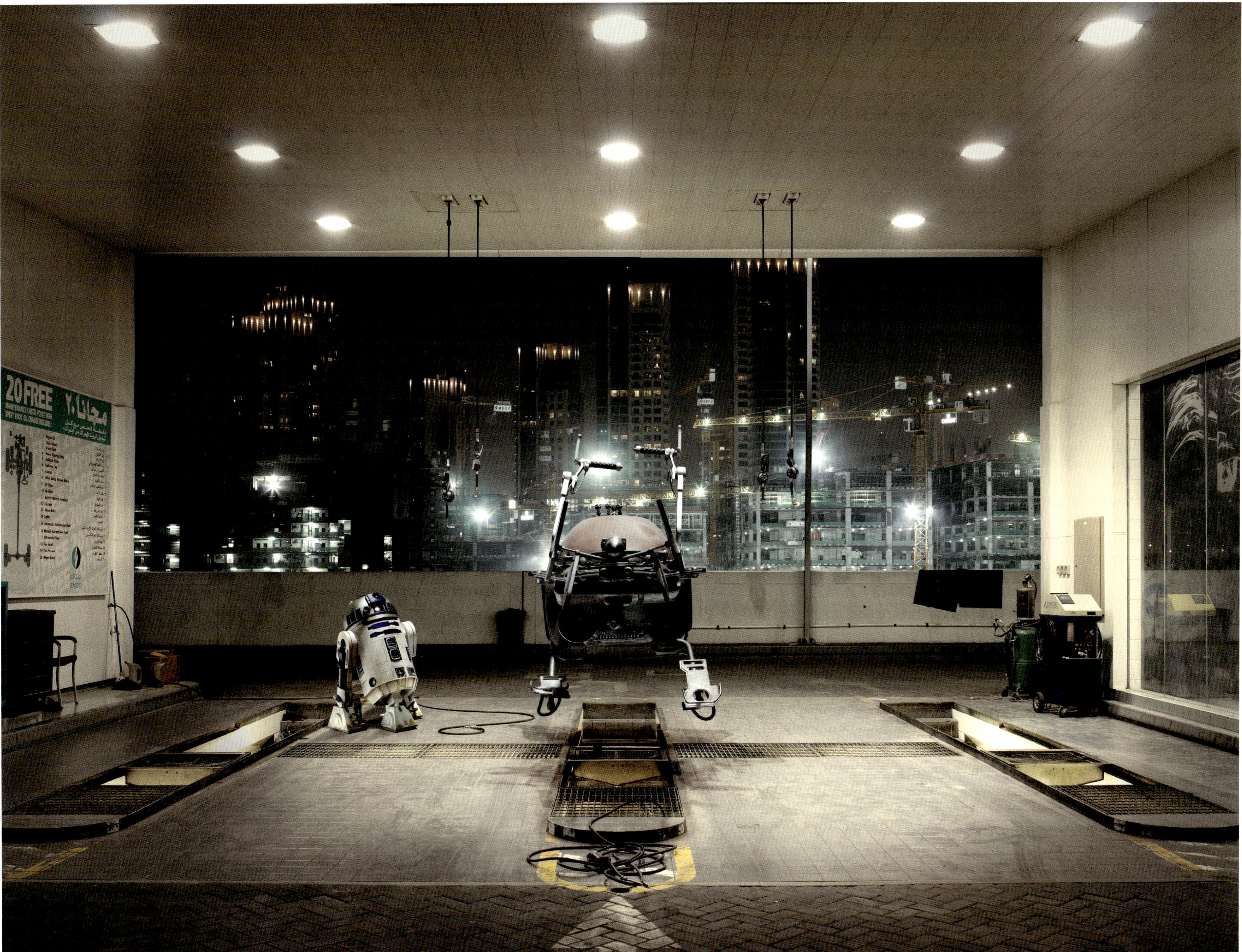

20 FREE
MAINTENANCE CHECK POINT WITH
EVERY ENOC OIL CHANGE INCLUDE
1 Engine Oil
2 Clutch Fluid
3 Brake Fluid
4 Power Steering Fluid
5 Radiator Hoses
6 Radiator Cap
7 Coolant
8 Wind Shield Washer Water
9 Oil Filter
10 Air Filter
11 Battery Water & Terminal
12 Fan Belt
13 Alison Belts
14 Lights
15 Automatic Transmission Fluid
16 Manual Transmission Fluid
17 Differential Fluid
18 Tire Tread
19 Tire Pressure
20 Wiper Blades
ENOC

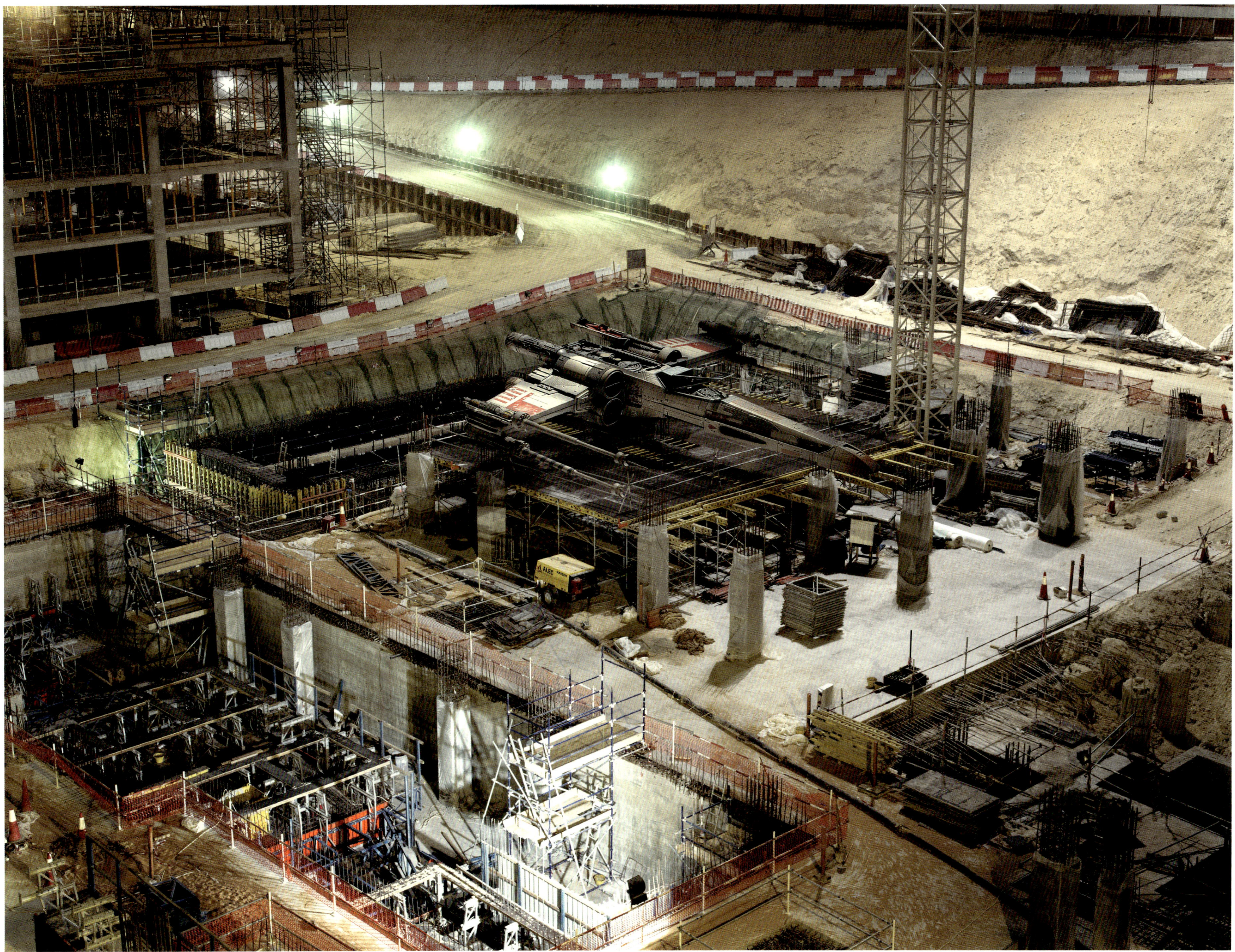

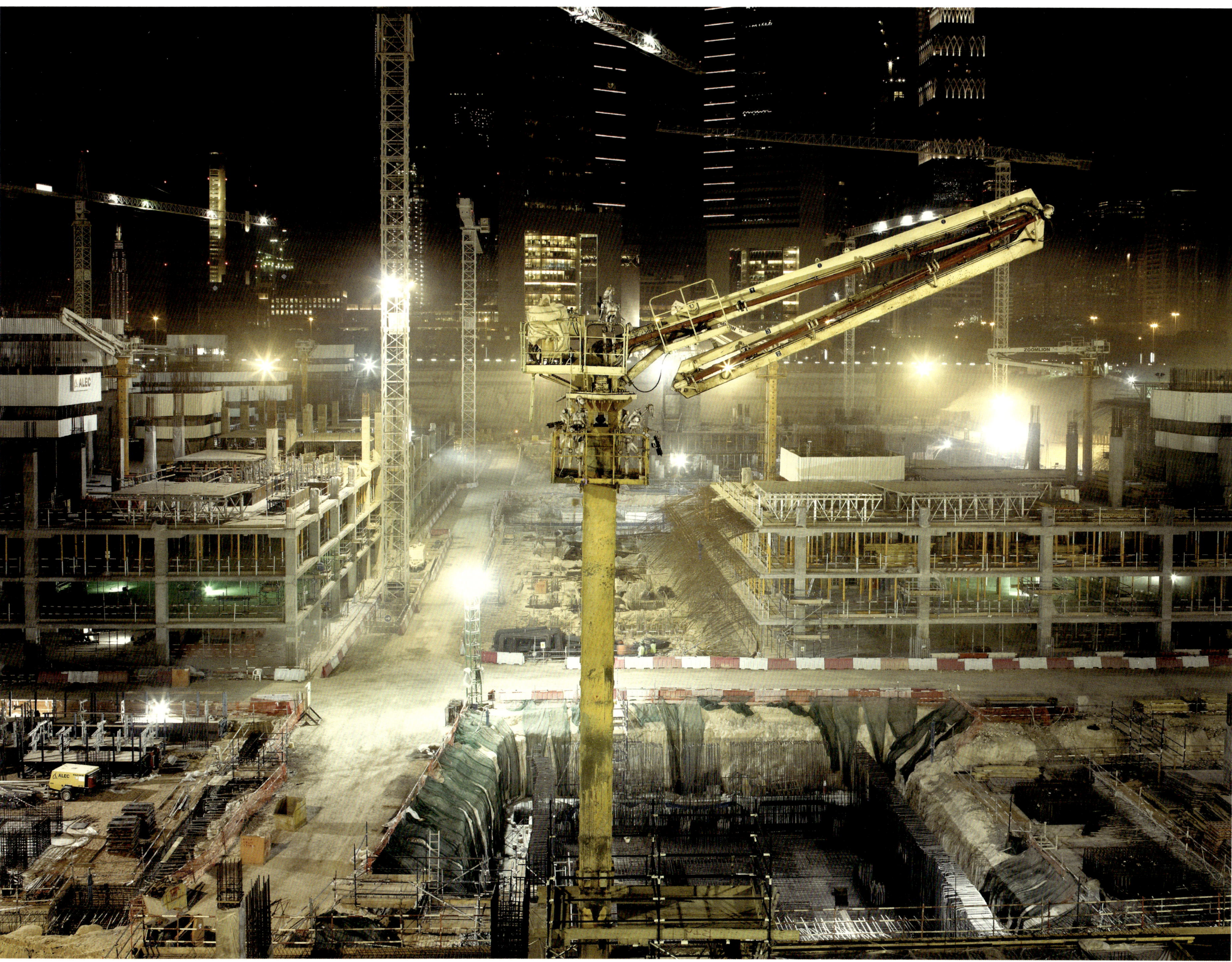

ALEC
ZOOMLION

The *Falcon*'s Hiding Place, Dubai, 2009.

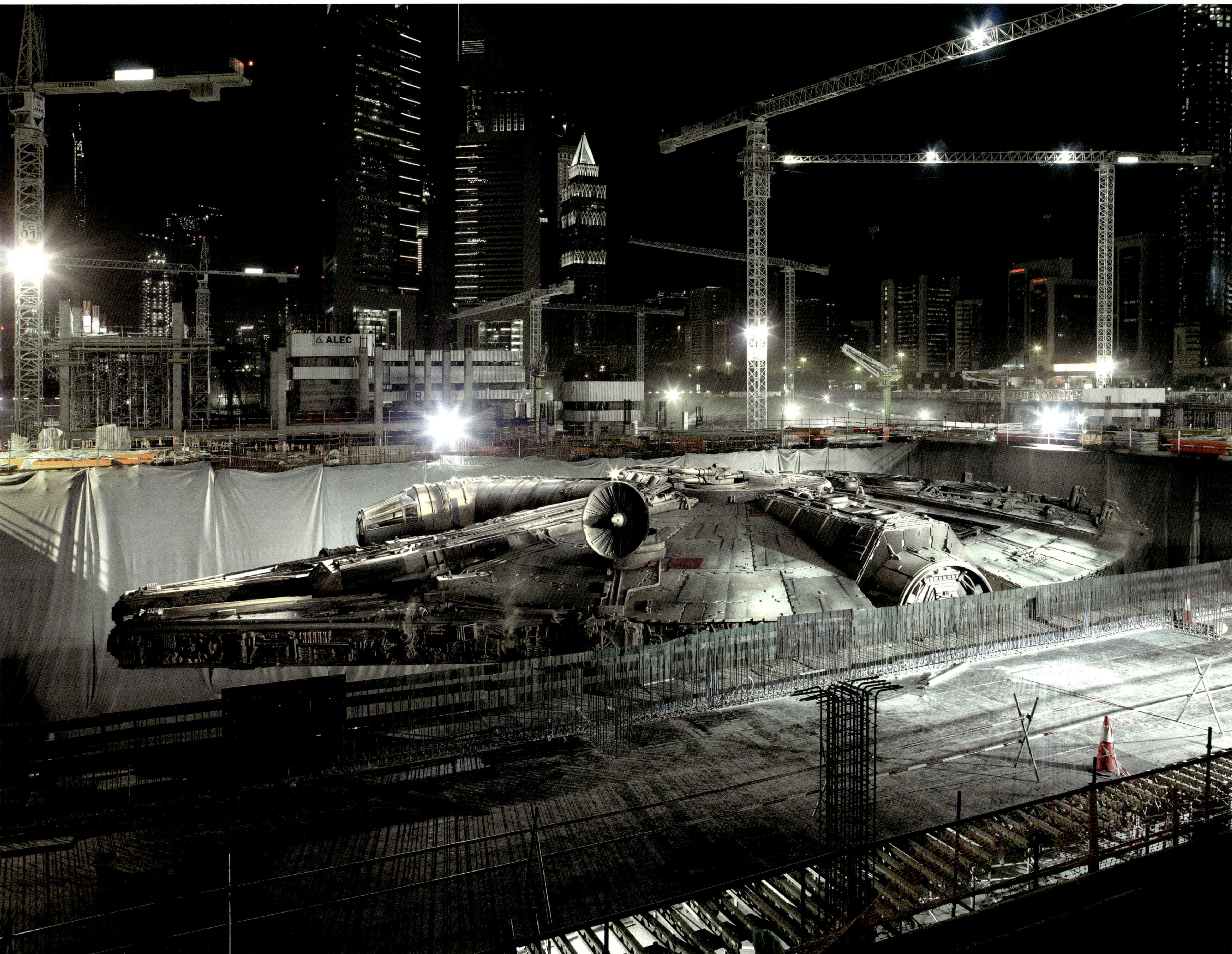

LIEBHERR
ALEC

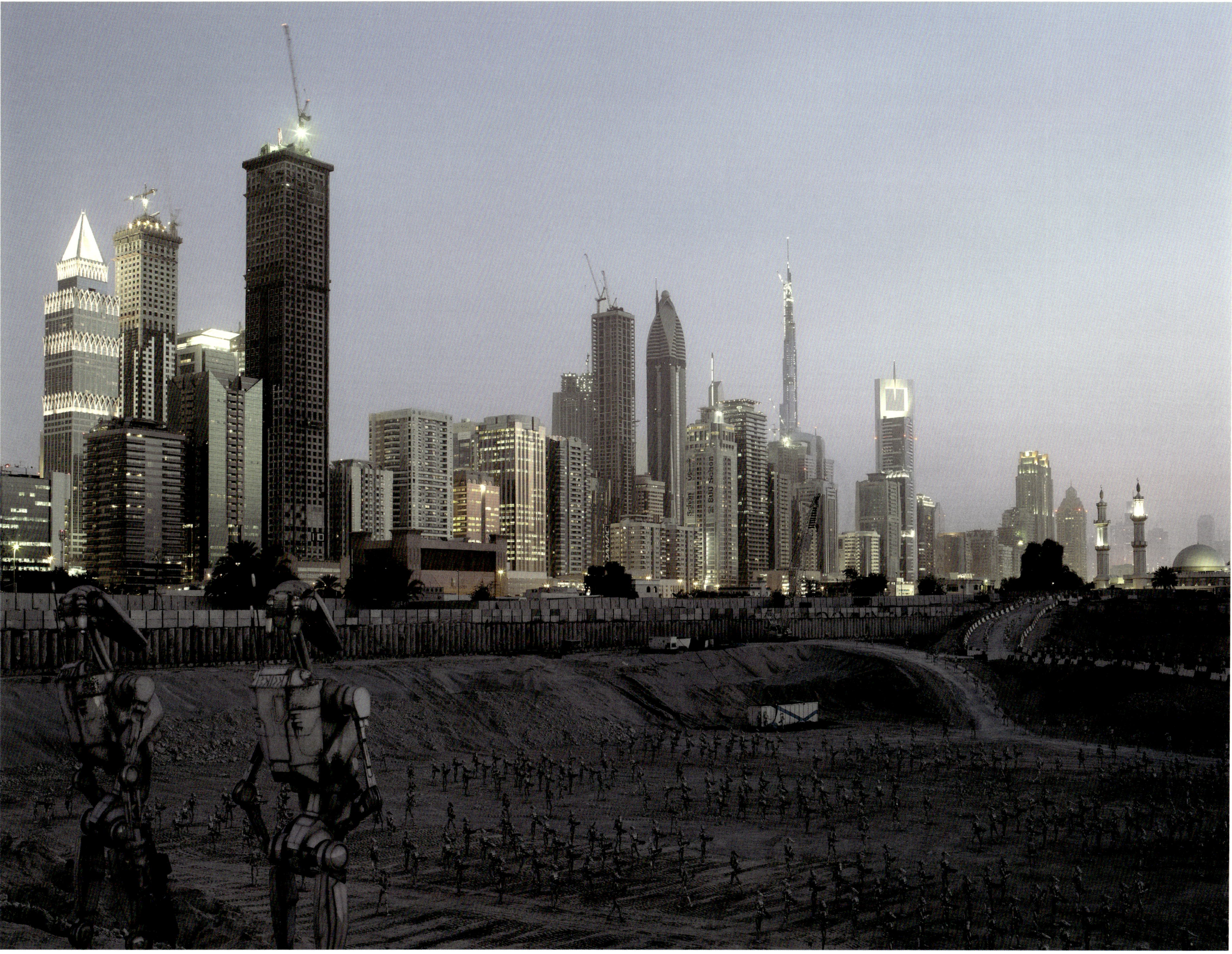

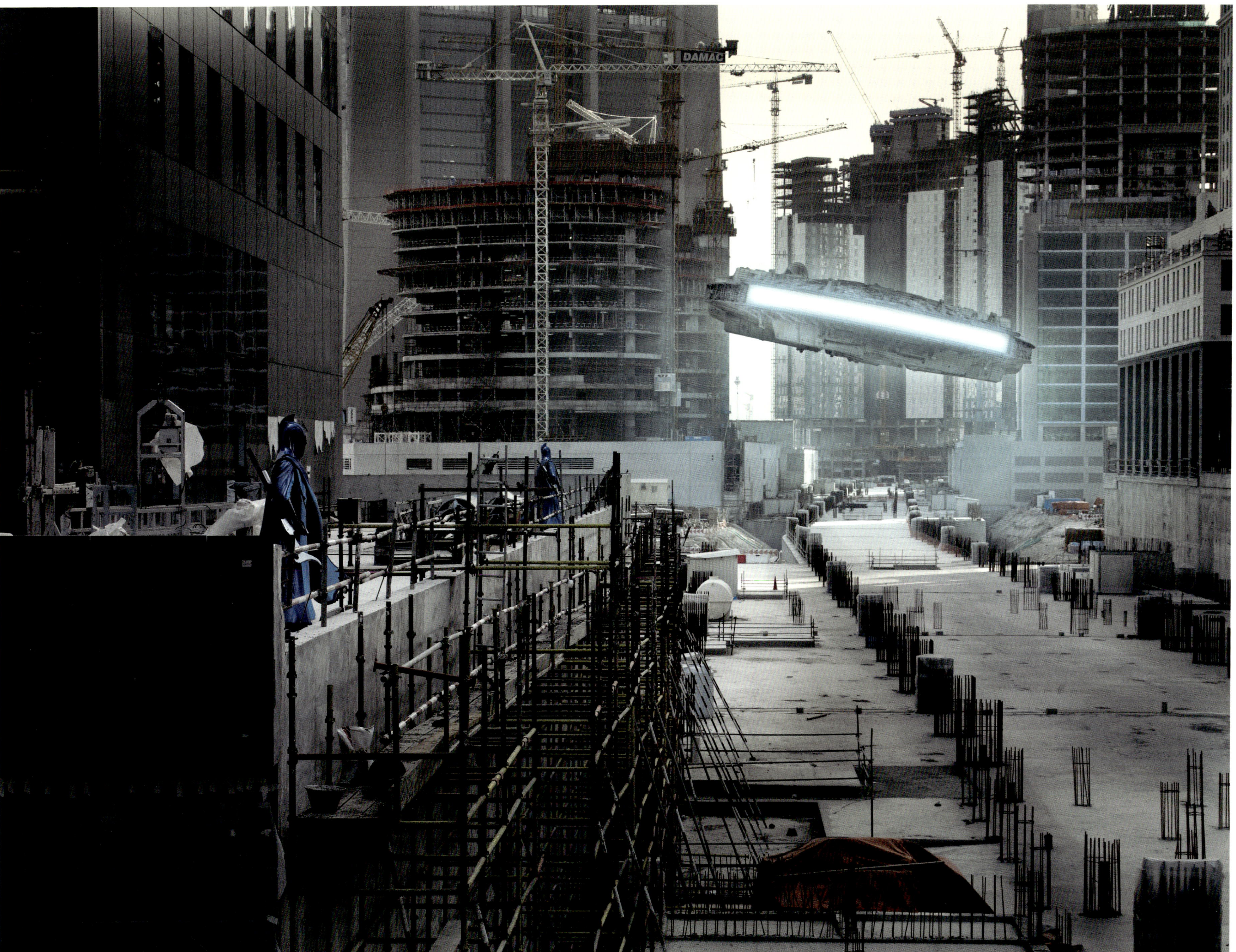

Slave I's Car Park, Dubai, 2009.

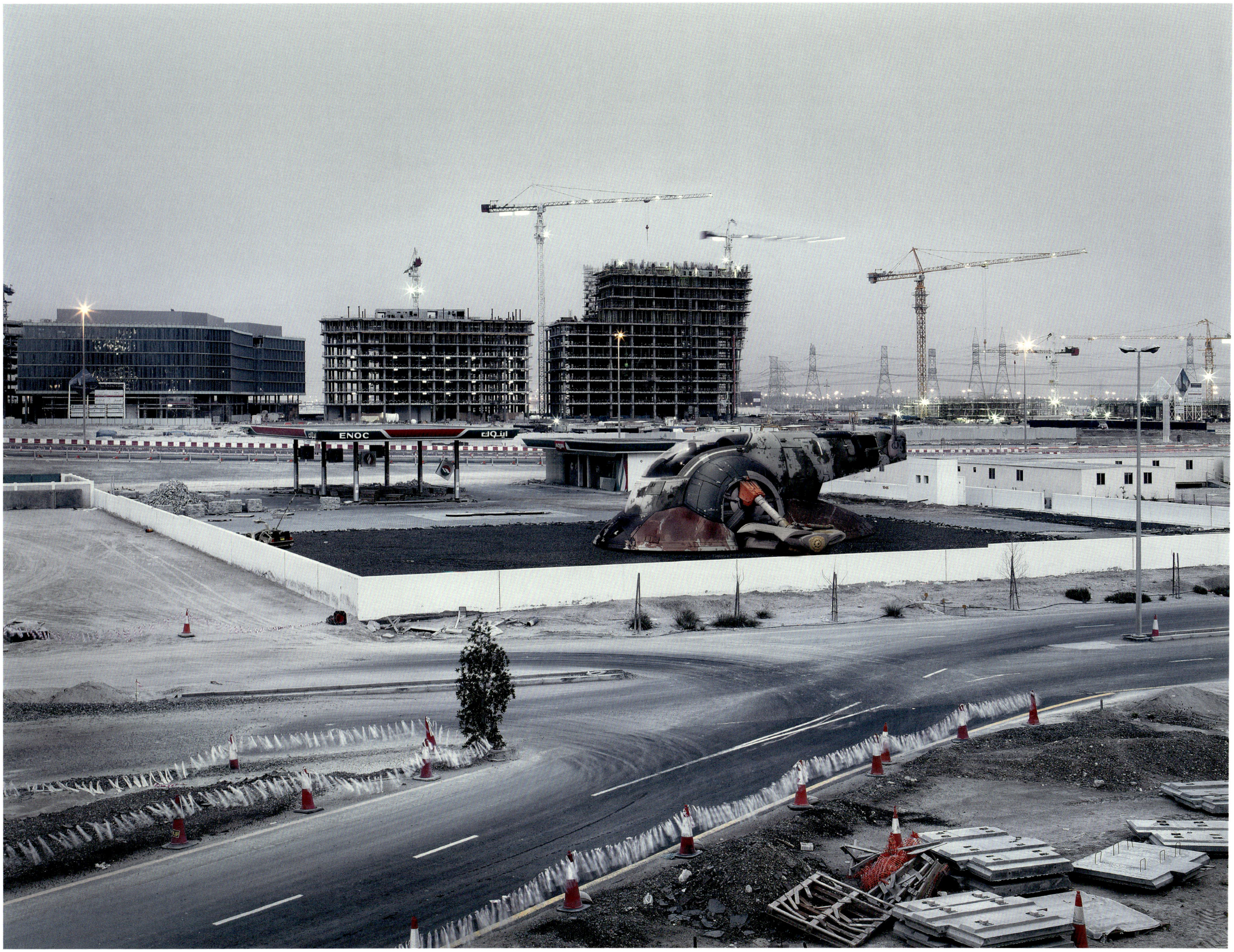

ENOC
اينوك

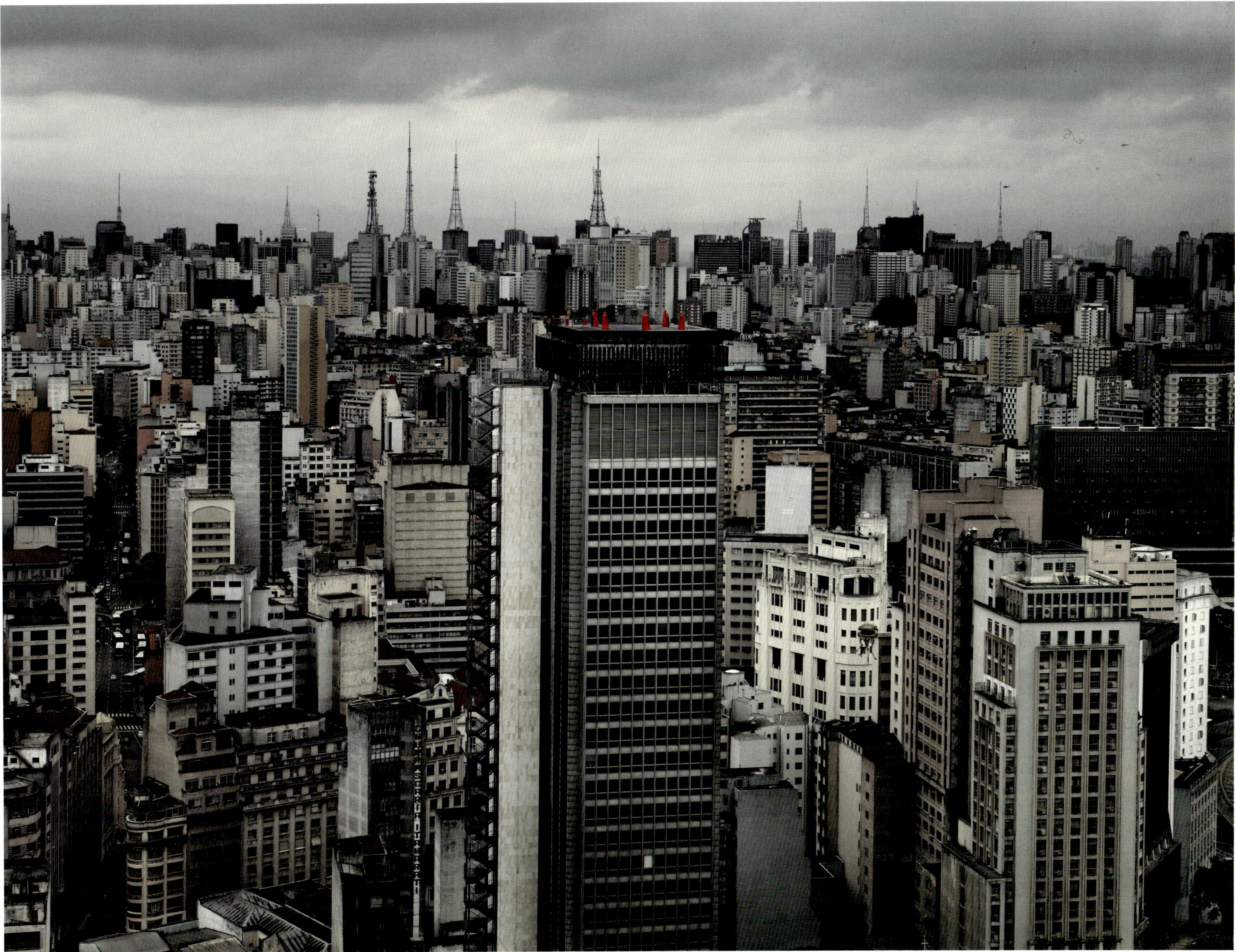

Where is C-3PO?, Dubai, 2011.

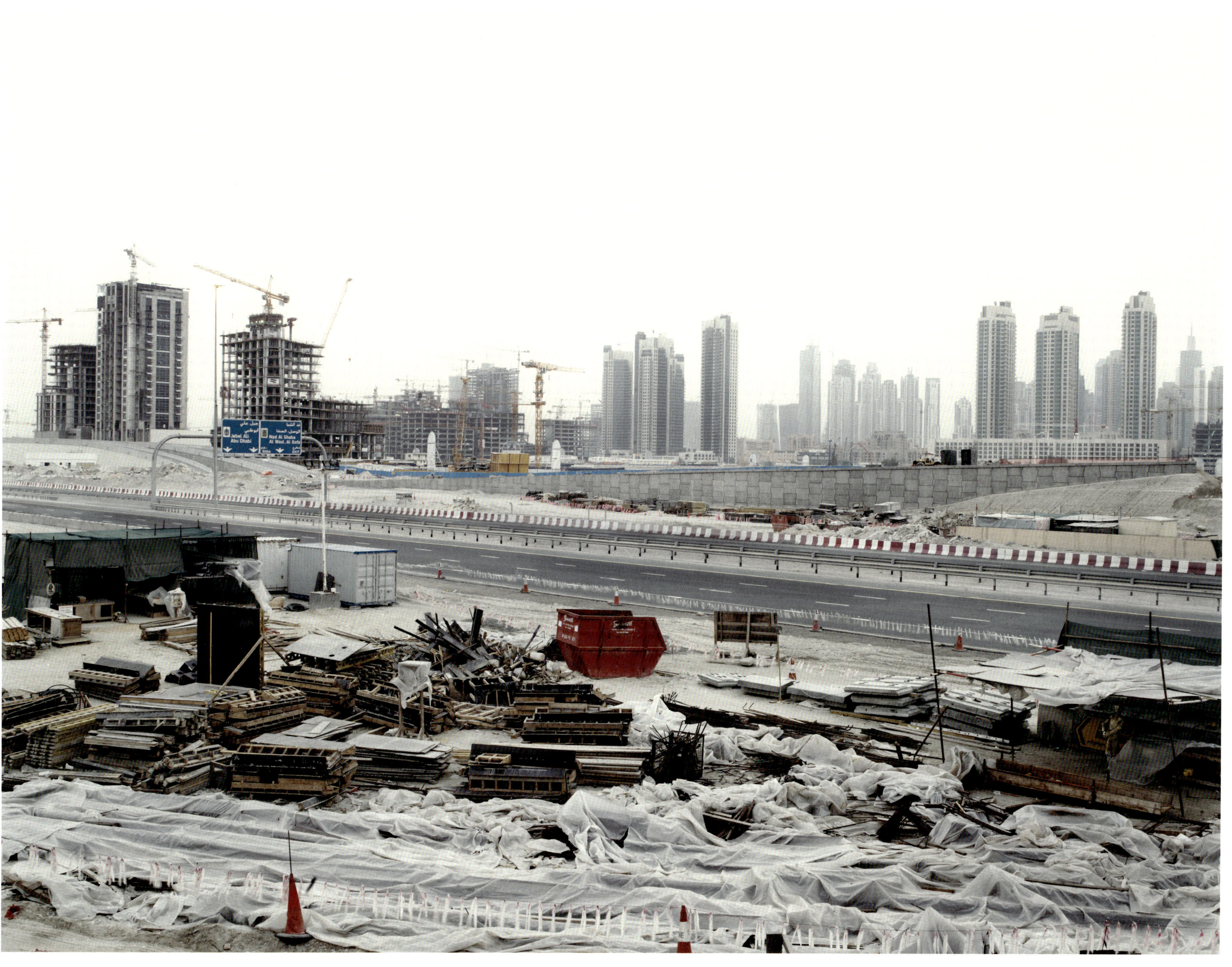

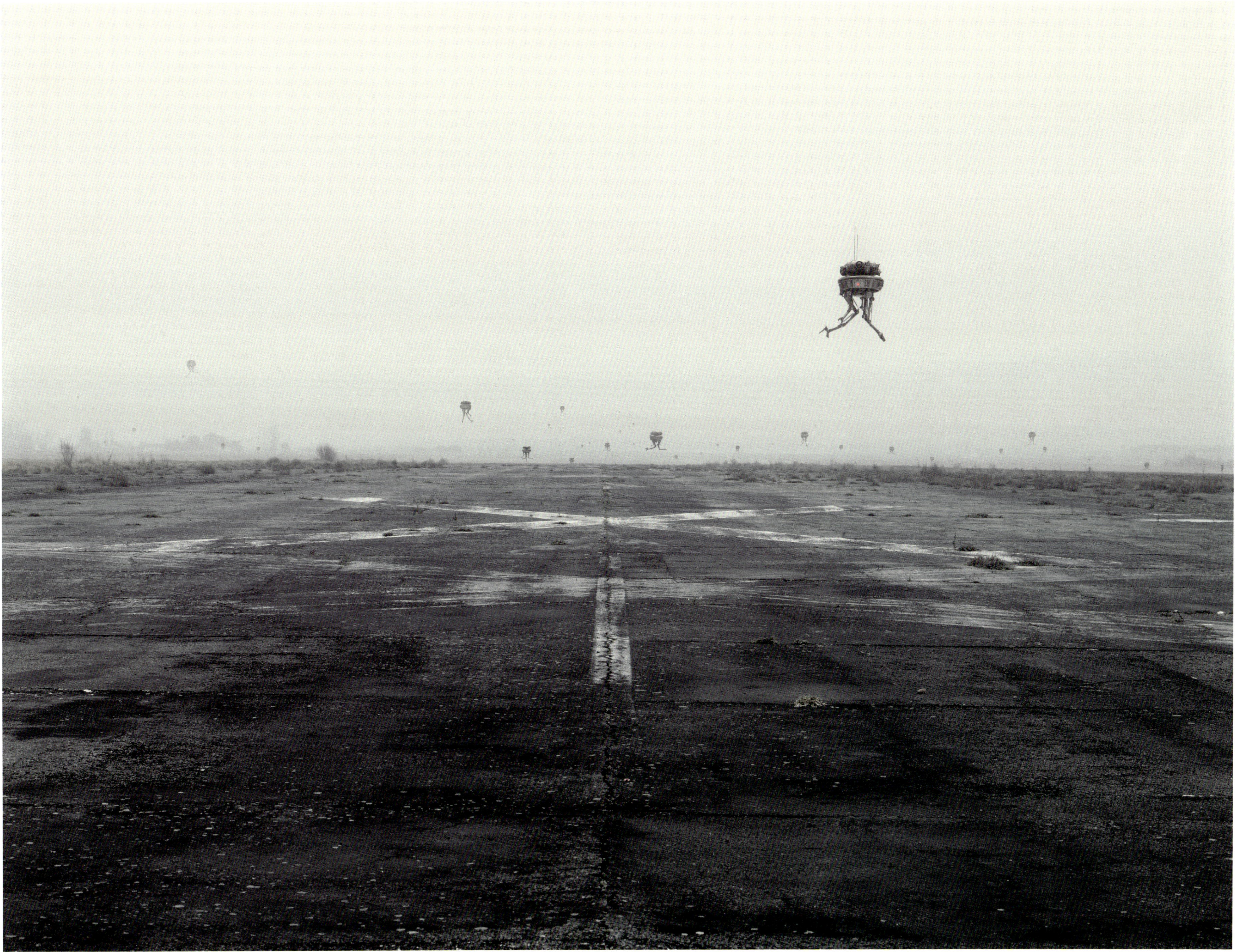

Probe Droid, Chernobyl Province, 2011.

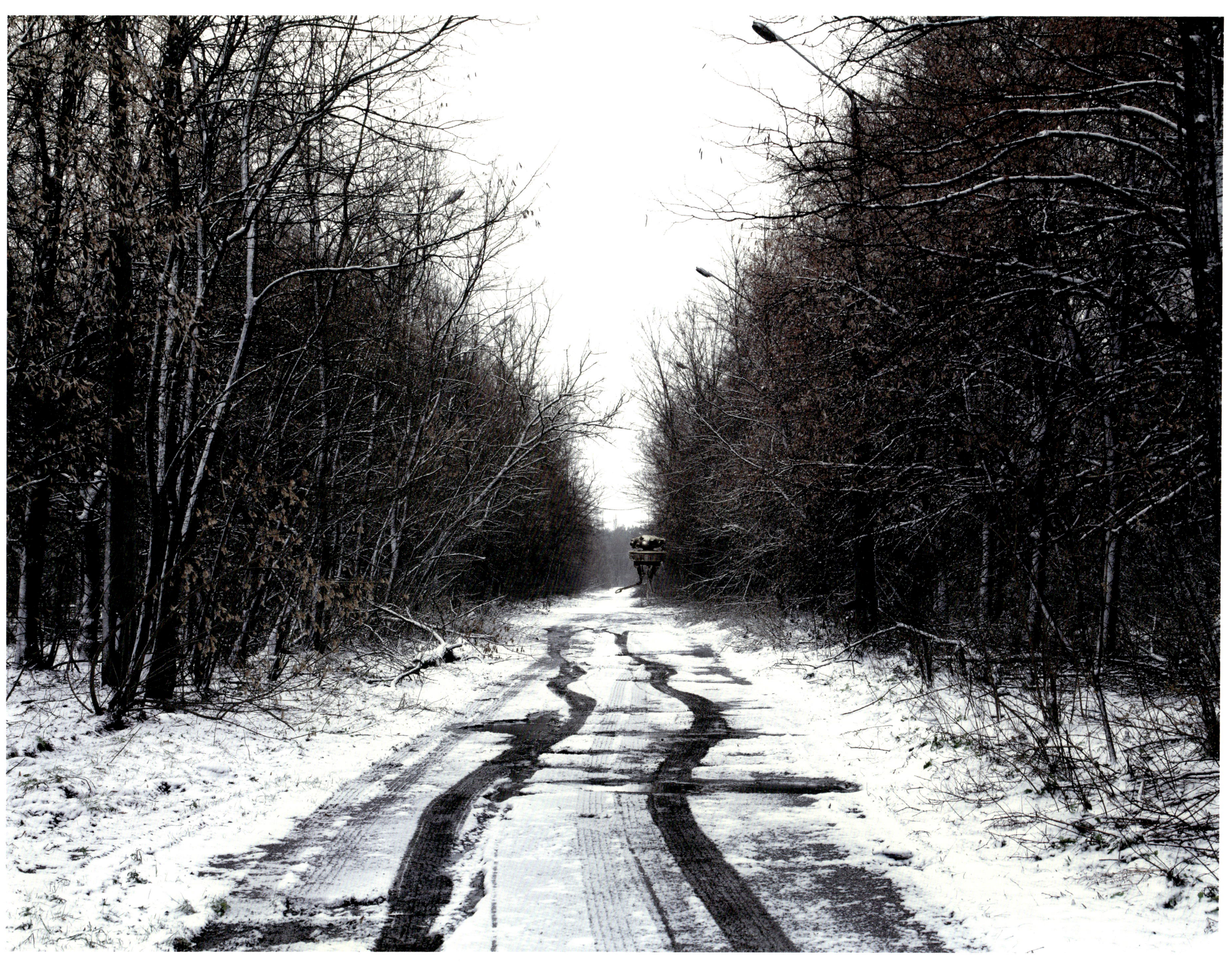

Probe Droid, Iceland, 2010.

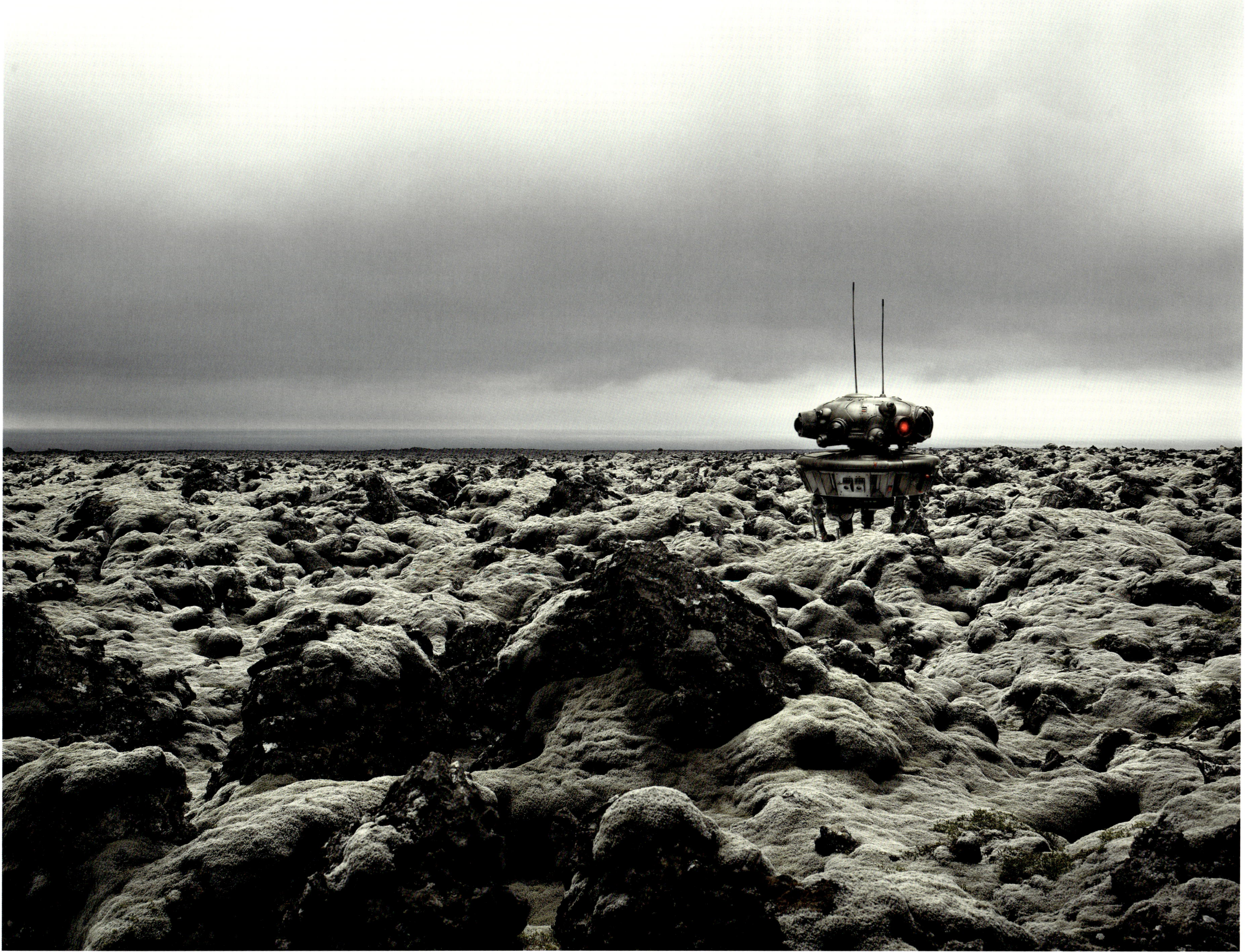

HORS DU TEMPS
LA PHOTOGRAPHIE DE CÉDRIC DELSAUX

Kazys Varnelis

Que signifie vivre après la modernité ? La génération à laquelle appartient le photographe Cédric Delsaux a grandi après l'avène-ment de la modernisation, dans un monde pour lequel, se lamente T. J. Clark, « le modernisme est notre Antiquité[1] », une Antiquité dont les espoirs et les formes sont inintelligibles.

Sans avant ni après, nous vivons dans un monde de confusion temporelle, une culture de réseau dans laquelle tant la modernité que la postmodernité sont révolues. Réalisant la prophétie de Jean Baudrillard selon laquelle l'histoire disparaîtrait totalement avec le troisième millénaire, d'une manière ou d'une autre nous existons au-delà du temps. La circulation rapide et ininterrompue de signes dans le réseau nous rend incapables de donner un sens à la vie, la sursaturation d'informations nous empêche d'établir toute séquence : « l'histoire meurt par l'accélération même, par la centrifugation des événements[2]. »

Si l'histoire nous fait défaut, l'avenir également. Dans la culture de réseau, l'utopie est un monde imaginaire du passé et non la promesse d'un futur. Toutefois, contrairement aux postmodernes, nous ne déplorons pas notre condition, elle ne nous apparaît pas dégradée. Pour les postmodernes, la technologie a échoué, le progrès s'est épuisé. En ce qui nous concerne, la technologie est de retour mais elle n'est plus synonyme de transformation. Ce qui jadis semblait l'essence de la science-fiction est devenu banal, quotidien. L'auteur de science-fiction Bruce Sterling décrit notre condition comme « atemporelle » : nous vivons dans un monde dans lequel les éléments de l'histoire se mélangent librement au mépris de l'ordre chronologique[3].

Ainsi, la série *Dark Lens* de Delsaux est-elle tout à la fois surprenante et, d'une certaine manière, naturelle et évidente. Que Dark Vador joue du sabre laser devant les gargantuesques et postmodernes Espaces d'Abraxas de Ricardo Bofill ou que le Faucon Millennium se profile au-dessus de la Burj Dubai tient presque du vraisemblable. Voilà qui soulève d'ailleurs la question de savoir quelles sont les plus étranges des formes familières de *Star Wars* ou des formes insolites du paysage urbain.

Les photographies de Delsaux sont troublantes, un trouble qui résulte du fait que, tout atemporels que nous sommes, lorsque nous regardons son œuvre, nous sentons bien que le temps est détraqué. Ce qui explique pourquoi il a choisi pour sujet la mythologie de *Star Wars*. Dès le texte d'ouverture le film introduit une confusion temporelle : « Il y a bien longtemps dans une galaxie lointaine, très lointaine… », voilà qui non seulement supprime la Genèse, mais fait subir le même sort à Darwin. Là où *2001, l'Odyssée de l'espace* de Stanley Kubrick et Arthur C. Clarke suggérait que nous sommes guidés par une intelligence extraterrestre supérieure, George Lucas fait une proposition bien plus radicale : non seulement notre civilisation n'est pas la première civilisation humaine, mais elle n'est ni la meilleure ni la plus avancée. La façon dont notre époque se rattache à celle de *Star Wars* demeure une énigme.

En situant le cycle mythologique de *Star Wars* dans le passé, Lucas bouleverse la nature même de notre monde, nous obligeant à nous interroger sur notre propre réalité. Tel est également l'objectif de Delsaux. Sa démarche insolite consiste à photographier la banlieue ordinaire de façon à nous la rendre étrange pour que nous la regardions de nouveau. Il a toutefois senti que ce n'était pas suffisant. Sa stratégie ne fonctionne qu'à la condition de peupler les espaces du monde contemporain avec les personnages de la mythographie de *Star Wars*. Ce faisant, il montre que même la banlieue la plus banale porte en elle la possibilité d'être aussi étonnante que n'importe quelle création hollywoodienne.

Mais se contenter de situer l'œuvre de Delsaux hors du temps serait une erreur. Au cours de ces cinquante dernières années, la mondialisation et la circulation des capitaux ont profondément modifié la topographie de la planète, laminant les différences locales au profit d'une course universelle au développement. Les protagonistes de Delsaux sont des habitants de ce monde. Plutôt que d'apparaître dans des intérieurs ou des décors familiers, ils investissent les territoires que l'anthropologue Marc Augé qualifie de « non-lieux » – des espaces où les relations sociales ne s'engrangent plus, des espaces sans histoire [4]. Qu'il s'agisse de la banlieue parisienne, de la Défense ou de Dubai, les personnages mis en scène par Delsaux peuplent des zones de notre planète où le sens traditionnel de l'espace s'est d'ores et déjà perdu. Aussi frappant qu'il soit, le décor reste accessoire. Son « objectif obscur [5] », Delsaux pourrait le braquer dans n'importe quelle direction. Non contentes d'être hors du temps, ces photographies sont également hors de l'espace.
Ce n'est guère un hasard non plus si les personnages les plus caractéristiques de la mythologie de *Star Wars* sont en retrait de l'œuvre de Delsaux. Les habitués de la « cantina [6] », les héros Luke Skywalker, Han Solo et la Princesse Leia n'y ont pas toute leur place. Dans les non-lieux de notre monde dévoilés par Delsaux, les humains se distinguent à peine des non-humains.

Les photographies de Delsaux renvoient à une autre caractéristique de la culture de réseau : plus rien n'existe en dehors des médias. La représentation de l'étrangeté du monde par le photoréalisme n'est plus possible. Nous vivons dans une « réalité instantanée », un monde médiatique participatif auquel nous réagissons mais qui domine nos vies [7]. Il est impossible de marcher dans une rue pleine de monde sans voir que les gens ne cessent de se téléphoner ou de s'envoyer des textos. Des relations intimes se tissent – et perdurent – autant par le biais d'Internet que dans le « monde réel », si tant est que ce dernier existe encore. Bien souvent, pour prendre corps, un événement familial doit être téléchargé sur le site d'un média social. Nos vies se déroulent dans cet univers dual.
Si la présence des personnages de *Star Wars* dans les photographies de Delsaux attire notre attention sur l'omniprésence des médias dans le monde dans lequel nous vivons, elle souligne également notre relation à la technologie. Les personnages eux-mêmes – qui nous sont familiers car profondément ancrés dans notre mémoire – semblent souvent fatigués ou désœuvrés. En cela, ils représentent l'état critique de la technologie elle-même : omniprésente, habituelle, voire banale. Parallèlement, l'apparition inexorable de nouveaux produits fait que nous ne pouvons pas suivre ou que nous n'en avons pas les moyens. Les produits ne sont mis en vente qu'une fois leurs versions ultérieures mises au point dans les laboratoires des entreprises ; ils sont donc obsolètes dès leur apparition. La science-fiction s'est mise au diapason. La quasi-absence de la technologie contemporaine (téléphonie mobile, ordinateurs portables) dans le film *Inception*, sorti en 2010, oblige, par exemple, le spectateur à interroger la réalité de l'univers décrit par le film, tandis que, pour sa part, l'auteur cyberpunk William Gibson situe ses romans non dans le futur mais dans le passé immédiat.

Mais finalement ce ne sont peut-être pas les leçons les plus importantes à tirer des images de Delsaux. Il y a quelque chose de profondément menaçant dans sa série *Dark Lens*. Les personnages qu'elle fait figurer dans notre monde sont loin d'être innocents. Une guerre épique fait rage. Nous en sommes absents, peut-être morts. Notre monde semble en grande partie en ruine. En regardant les photographies, il nous revient en mémoire que l'histoire des six épisodes de *Star Wars* n'est pas celle de Luke Skywalker mais bien celle de son père et de sa métamorphose tragique d'Anakin Skywalker en Dark Vador. Lucas lui-même a déclaré que cette épopée racontait « comment une démocratie se change en dictature » à mesure que les bonnes intentions et les mauvaises décisions de Skywalker le détournent du droit chemin[8]. L'utilisation par Delsaux de personnages familiers est désarmante, tout comme l'utilisation par Alex Chan du jeu vidéo «The Movies» pour adapter à l'écran l'histoire des deux adolescents dont la mort déclencha les émeutes de 2005 en banlieue parisienne dans *The French Democracy*, son chef-d'œuvre *machinima*[9]. Lorsque nous regardons les images de Cédric Delsaux, nous sommes amenés à nous demander si la guerre ne fait pas déjà rage dans notre monde, une guerre où des cellules terroristes mystérieuses affrontent des entités gouvernementales non moins mystérieuses. Dans ce monde constamment et totalement sous surveillance, un monde donc dans lequel les droits civiques sont suspendus pour des raisons prétendument supérieures, l'œuvre de Delsaux nous demande si nous n'avons pas déjà rejoint le mauvais côté de la Force.

New York, 2011
Kazys Varnelis est directeur du Network Architecture Lab à Columbia University.

1. T. J. Clark, *Farewell to an Idea: Episodes from a History of Modernism*, New Haven, Yale University Press, 1999.
2. Jean Baudrillard, *L'Illusion de la fin ou la Grève des événements*, Paris, Galilée, 1992.
3. Bruce Sterling, «Atemporality for The Creative Arts», blog *Beyond the Beyond*, 25 février 2010
http://www.wired.com/beyond_the_beyond/2101/02/atemporality-for-the-creative-artist. Voir aussi le premier chapitre, «Time. History Under Atemporality», de mon livre *Life After Networks: A Critical History* (à paraître en 2012), http://varnelis.net/network_culture/1_time_history_under_atemporality.
4. Marc Augé, *Non-lieux, Introduction à une anthropologie de la surmodernité*, Paris, Les Éditions du Seuil, coll. «La Librairie du xxᵉ siècle», 1992.
5. Traduction de *dark lens*, allusion à la Force obscure, pouvoir maléfique qui anime Dark Vador.
6. Taverne d'un astroport de la planète Tatooine où se rencontrent Luke Skywalker et Han Solo.
7. Kazys Varnelis, «The Immediated Now : Network Culture and the Poetics of Reality», *Networked : A (Networked) Book About (Networked) Art*, http://varnelis.networkedbook.org/the-immediated-now-network-culture-and-the-poetics-of-reality/.
8. «George Lucas sur *Star Wars*, *Fahrenheit 9/11*, et son propre héritage», *Wired*, mai 2005, http://www.wired.com/wired/archive/13.05/lucasqa.html.
9. *Machinima* (formé à partir de «machine», «cinéma» et «animation»): film d'animation réalisé à partir de l'environnement et des personnages d'un jeu vidéo.

OUT OF TIME
THE PHOTOGRAPHY OF CÉDRIC DELSAUX

Kazys Varnelis

What does it mean to live after modernity? The generation to which photographer Cédric Delsaux belongs grew up after the completion of modernization, in a world for which, as T. J. Clark laments, "modernism is our antiquity", its hopes and forms unintelligible.[1] We have no before and after. Instead, ours is a world of temporal confusion, a network culture in which not only modernity but also postmodernity have come to an end. Fulfilling Jean Baudrillard's prophecy that history would disappear entirely after the millennium, we somehow exist beyond time. The endless, rapid circulation of signs in the network undoes our capacity to make meaning out of life, the oversaturation of information blocks us from producing sequences: "No event can withstand acceleration. No history can withstand the centrifugation of facts or their being short-circuited in real time..."[2]

If we lack history, we also lack a future. In network culture, utopia is a dream-world of the past, not a promise of a future to come. But unlike the postmoderns, we don't lament our condition or conceive of it as fallen. For the postmoderns, technology had run aground, progress exhausted. For us, technology has returned. But its promise is no longer transformational, what once seemed the stuff of science fiction is now banal and everyday. Science-fiction novelist Bruce Sterling describes our condition as "atemporality", a world in which the elements of history mix freely and without regard for chronological order.[3]

Thus Delsaux's *Dark Lens* series is simultaneously startling and yet somehow natural and obvious. That Darth Vader swings his light sabre in front of Ricardo Bofill's gargantuan postmodern Abraxas housing project or that the *Millennium Falcon* flies past the upper reaches of the Burj Dubai seems almost plausible. Indeed, it raises the question of which is stranger: the familiar forms of *Star Wars* or the unfamiliar forms of the urban landscape.

Delsaux's photography is uncanny; an uncanniness stemming from the fact that even as we atemporals look at his work, we sense time is out of joint. This perhaps explains why he chose the mythology of *Star Wars* as his subject: from the opening crawl of narrative text—"A long time ago, in a galaxy far far away..."—the space opera ushers in temporal confusion. Not only is Genesis undone, but Darwin also faces the same fate. Where Arthur C. Clarke and Stanley Kubrick's *2001: A Space Odyssey* suggested the guiding hand of vast alien intelligence, George Lucas makes a much more radical proposition: ours is not only not the first human civilization, it is not the most advanced by any means. How our time relates to that of *Star Wars* is a mystery.

By setting the *Star Wars* myth cycle in the past, Lucas confuses our own nature of where we are, forcing us to question our own reality. This is also Delsaux's goal. He originally set out to photograph the banal spaces of suburbia in a quest to defamiliarize the world, to make us look at it again. But he felt this proved insufficient. Only when he populated the places of our present world with the characters of the *Star Wars* mythography did his strategy work. In doing so, he has shown that even the most banal suburban places have, latent within them, the potential to be as powerful as anything Hollywood can offer.

But to put Delsaux's work only outside of time would be a mistake. Globalization and the spread of capital have thoroughly redefined the planet's topography over the last half century, flattening local difference in favor of a universal impetus toward development. This is the world inhabited by Delsaux's protagonists. Instead of appearing in domestic or interior landscapes, they take over the territories that anthropologist Marc Augé has called "non-places"—spaces in which social ties no longer accumulate, spaces without history.[4] Whether it is the *banlieues* of Paris, la Défense, or Dubai, the characters of Delsaux's fantasies inhabit the zones of the planet that have already lost any traditional sense of space. No matter how striking, the backgrounds are incidental. It seems that Delsaux could train his dark lens anywhere. Not only are these images outside of time, they are outside of place as well.

It's no accident either that the most particular elements of the *Star Wars* mythology in Delsaux's work are absent. The denizens of the cantina, heroes such as Luke Skywalker, Han Solo, and Princess Leia Organa are nowhere to be seen. In our world of non-places, Delsaux reveals, human and non-human agents can barely be distinguished.

Delsaux's photography speaks of another characteristic of network culture: there is no space outside media anymore. The realist technique of making strange by representing the world photographically as it is no longer works. We live in an "immediated reality," a participatory media world that we feed back to but that dominates our lives.[5] It is impossible to walk down a crowded city street and not see people constantly texting or telephoning each other. Intimate relationships are made—and maintained—over the Internet as much as in the "real world", if such a thing continues to exist anymore. Family events don't exist unless they are uploaded to social-media sites. Our lives are led in this double space.

Just as the presence of the *Star Wars* characters in Delsaux's photography points to how we live in a world thoroughly permeated by media, it also highlights our relation to technology. The characters themselves—deeply etched into our memories and familiar to us—often seem tired or bored. In this, they represent the plight of technology itself: it is pervasive, everyday, even banal. At the same time, the inexorable deployment of new products makes it impossible for either us or our devices to keep up. Products are only released when the subsequent versions have already been developed in corporate labs; thus they are obsolete from the outset. Science fiction has responded in kind. In the 2010 movie *Inception*, for example, contemporary technology (mobile telephony, laptops) is virtually absent, forcing viewers to question the reality of the universe depicted in the film, while cyberpunk author William Gibson displaces his novels not into the future but into the just-past.

But in the end, perhaps these are not the most important lessons to draw from Delsaux's visions. There is something deeply menacing about his *Dark Lens* series. These are not innocent characters posing in our world. An epic war rages. We are absent from it, perhaps dead. Much of our world seems to be in ruins. Looking at the photographs, we recall that the story of the six episodes of *Star Wars* is not that of Luke Skywalker but rather of his father and his tragic metamorphosis from Anakin Skywalker to Darth Vader. Lucas himself has described the epic as the story of "how a democracy becomes a dictatorship" as good intentions and misguided decisions lead Skywalker astray.[6] Like Alex Chan's *machinima*[7] masterpiece, *The French Democracy*, which uses the video game *The Movies* to dramatize the story of the deaths of two teenagers that sparked riots in the *banlieues* of Paris in 2005, Delsaux's use of familiar characters is disarming. As we gaze at his images we are led to ask if a war doesn't already rage across our world, a war of shadowy terror cells battling equally shadowy government entities. In this world of constant and total surveillance, a world in which civil rights are suspended for reputedly greater purposes, Delsaux's work asks us if we are not in the end winding up on the wrong side of the Force.

New York, 2011
Kazys Varnelis is Director of the Network Architecture Lab at Columbia University.

1. T. J. Clark, *Farewell to an Idea: Episodes from a History of Modernism* (New Haven: Yale University Press, 1999), pp. 3-9.
2. Jean Baudrillard, *The Illusion of the End* (Stanford, CA: Stanford University Press, 1994), p. 3.
3. Bruce Sterling, "Atemporality for the Creative Artist", *Beyond the Beyond* blog, February 25, 2010. http://www.wired.com/beyond_the_beyond/2010/02/atemporality-for-the-creative-artist. See also chapter 1 "Time. History Under Atemporality" of my book *Life After Networks: A Critical History* (forthcoming 2012), http://varnelis.net/network_culture/1_time_history_under_atemporality.
4. Marc Augé, *Non-lieux, introduction à une anthropologie de la surmodernité* (Paris: Les Éditions du Seuil, La Librairie du xxᵉ siècle, 1992) translated as *Non-Places: Introduction to an Anthropology of Supermodernity* (London: Verso, 1995).
5. Kazys Varnelis, "The Immediated Now: Network Culture and the Poetics of Reality," *Networked: A (Networked) Book About (Networked) Art*, http://varnelis.networkedbook.org/the-immediated-now-network-culture-and-the-poetics-of-reality/
6. "George Lucas on *Star Wars*, *Fahrenheit 9/11*, and his own legacy", *Wired* (May 2005) http://www.wired.com/wired/archive/13.05/lucasqa.html.
7. *Machinima* (derived from "machine", "cinema" and "animation"): animated movie featuring the environment and characters of a video game.

Merci à George Lucas pour avoir autorisé tous ces rêves.

Merci à tous ceux qui les ont portés avec moi :
Richie Askintowicz, Xavier Barral, Bonni Benrubi, Renaud Bergonzo, Jeremie Bonny, Jacques Chausse, Michel Chauvelot, Fabien Dumas, Leigha Dennis, Elie Domit (Elie, quelle bonne idée ton invitation à Dubai !), Florence Faisan, Didier de Faye, Nicolas Grandmaison, Ryan Greene, Pierrick Geunneugues, Karima Hammi, Alain et Caroline Haugazeau, Julien Horn, Charles-Antoine Joly, Emmanuelle Kouchner, Emmanuel Lahaye, Loïc Le Quéré, Éric Marazin, Renaud Marion, Jérôme Momcilovic, Camille Nem, Pierre D'Ovidio, Alexandre Percy, Fred Perrot, Juliet Piper, Raphaël & Stéphanie, Émilie Rigaud, Marion Rochard, Carole Roeder, Howard Roffman, Steve Sansweet, Olivier et Violette Spillebout, Samy Al Turky, Kazys Varnelis, Ericka Weidman, Paul Wombell.

Merci également pour leur participation à l'équipe de Lucasfilms ; la ville de Lille ; les transphotographiques ; Album ; mintinbox.net ; les sociétés Attakus, Master Replicas, Kotobukiya, Gentle Giant (special thanks to Mark Waelti), Wizards Of The Coast, Code 3, Sideshow pour les figurines et les maquettes.
Merci à la galerie Acte2, Empty Quarter Gallery, Bonni Benrubi Gallery.
Merci au cabinet d'avocats De Gaulle, Fleurance & Associés et au cabinet Duclos et Associés.

Merci enfin à ma famille, à Simonne, Yveline, Michel, Delphine, Héléna et Gaspard.

Cédric Delsaux

L'auteur tient à préciser qu'aucune de ces images n'a subi de traitement argentique. / The author would like to point out that no silver was used in processing these images.

Il a été tiré de ce livre 100 exemplaires de tête numérotés, sous coffret, accompagnés d'une photographie signée par l'artiste.

Direction éditoriale : Emmanuelle Kouchner / Réalisation graphique : Éditions Xavier Barral / Relecture : Sylvain Maestraggi, Tom Ridgway et Caroline Taylor-Bouché / Traduction : Jean-Yves Cotté
Retouches photos : Cédric Delsaux ; sauf page 63 : Loïc Le Quéré ; couverture et page 81 : Fred Perrot / Battle Droid 3D : Pierrick Geunneugues / Ce livre a été composé en Delso, dessinée par Émilie Rigaud.

Pour le présent ouvrage © Éditions Xavier Barral, 2011 / Pour les photographies © Cédric Delsaux, 2011.

Achevé d'imprimer en Corée en septembre 2011 / Dépôt légal : quatrième trimestre 2011 / ISBN : 978-2-915173-70-3

Éditions Xavier Barral, 42, rue Sedaine 75011 Paris, Téléphone + 33(0)1 48 05 73 01, www.exb.fr / www.cedricdelsaux.com

9 782915 173703